浙江省文化和旅游厅 / 编

共富路上
——浙江旅游风情小镇发展纪实

浙江科学技术出版社

图书在版编目(CIP)数据

共富路上:浙江旅游风情小镇发展纪实 / 浙江省文化和旅游厅编 . -- 杭州:浙江科学技术出版社, 2021.11
ISBN 978-7-5341-9913-4

Ⅰ.①共… Ⅱ.①浙… Ⅲ.①小城镇－旅游业发展－研究－浙江 Ⅳ.① F592.755

中国版本图书馆 CIP 数据核字(2021)第 232822 号

共富路上——浙江旅游风情小镇发展纪实
浙江省文化和旅游厅　编

出版发行	浙江科学技术出版社
	杭州市体育场路 347 号　邮政编码:310006
	办公室电话:0571-85176593
	销售部电话:0571-85176040
	网址:www.zkpress.com
	E-mail:zkpress@zkpress.com
排　版	杭州万方图书有限公司
印　刷	浙江海虹彩色印务有限公司
开　本	710×1000　1/16　　印　张　13.5
字　数	207 000
版　次	2021 年 11 月第 1 版　　印　次　2021 年 11 月第 1 次印刷
书　号	ISBN 978-7-5341-9913-4　定　价　86.00 元

版权所有　翻印必究
(图书出现倒装、缺页等印装质量问题,本社销售部负责调换)

责任编辑　莫亚元　　　责任校对　张　宁
责任美编　金　晖　　　责任印务　崔文红

序言 preface

"日出江花红胜火，春来江水绿如蓝，能不忆江南？"浙江，一个专门盛产美好的地方。

从半空俯瞰这片土地，西部茂林翠竹、山清水秀；中部田园小城、宜业宜居；东部古镇悠悠、传唱千年；北部丝绸鱼米、湖泊众多。这里有"山水之美，古来共谈"的风光，也有"采菊东篱下，悠然见南山"的安逸，更有"青嶂忆遥月，绿萝愁鸣猿"的浪漫。

作为"绿水青山就是金山银山"理念的诞生地，浙江山水之美，入景、入画、入心。

2020年，"努力成为新时代全面展示中国特色社会主义制度优越性的重要窗口"的嘱托，让浙江文旅事业站上了新起点、新跑道，开始了新征程。诗画浙江，正朝气蓬勃。

为做好文旅融合大文章，浙江围绕乡村振兴这一主线，以创建省级旅游风情小镇为抓手，探寻美丽经济的实现路径，提出要依据独特的自然风景、建筑风貌、节日风俗、特产风物、餐饮风味和人物风采打造一批旅游风情小镇。

"一个小镇主打一种风情"，是旅游风情小镇的标签，但更深层次的发掘，是根植文化，使乡韵、乡土、乡愁、乡风得以延续和升华。

得益于大自然馈赠的山水禀赋，得益于千百年的人文滋养，风景独好、风情独特的省级旅游风情小镇正款款而来。

它们之中,有"船桨悠悠,人家尽枕河"的水乡小镇,有茶文化与音乐文化齐头并进的古朴民宅,也有集餐饮、游玩、娱乐、住宿为一体的现代化新区。看似不同的风格,却有相同的情感表达——望得见山,看得见水,记得住乡愁。

在这里,能体验风俗民情,解码凝固的历史;在这里,能治愈生活,开启休闲度假模式。它们叩响的是回家的柴扉,走上的是乡间的小路,遇到的是故乡的"闰土",回忆的是新生的记忆。

本书收录了20个风情小镇,通过展现其创建亮点和特色风采,体现了浙江旅游风情小镇的发展新貌,为各地发展小镇经济提供决策参考,进而期待更多有志青年阅读此书后,能投身到风情小镇的建设中去。

这一次次转化,成为传统观光旅游向休闲度假、文化体验过渡的浙江实践,也体现了浙江在旅游业供给侧改革方面做出的新调整、新实践。

春风不负赶路人,时光不负奋斗者。浙江将以风俗民情的活态保护与利用为抓手,践行"绿水青山就是金山银山"理念,实现乡村振兴与生态文明的共建共生,谋划一条旅游富民、旅游兴产的道路,展现诗画浙江"一户一处景、一村一幅画、一镇一天地、一城一风光"的全域大美格局。

春风不负年年信,又是江南好风景。望好风景、好风情能常驻浙江。

目　录
contents

杭州

余杭径山：一村一韵下的"美丽经济" / 2

临安河桥：以国漫数字景区为核心，点亮美丽城镇夜游经济 / 11

建德梅城：千年古城复苏记 / 19

宁波

象山石浦镇：融合"旅游＋渔文化"　谱好新时代的《渔光曲》 / 30

宁海前童：一个浙东小镇的古建保护与民俗复活 / 38

温州

泰顺泗溪镇：如何打好文化兴镇这局"桥"牌 / 48

嘉兴

桐乡乌镇：以"城市IP"为抓手，打造国际性休闲旅游目的地 / 60

西塘古镇：以原生态开发保护模式打造主客共享 / 70

湖州

德清莫干山：乡村旅游"模范生"成长记 / 82

湖州南浔：传统古镇的现代化新生 / 91

绍兴

绍兴安昌：千年古镇如何"活"在当下 / 102

诸暨山下湖：聚焦珍珠特色产业全力打造美丽城镇样板 / 110

金华

兰溪游埠：瞰光影　绘就古镇新画卷 / 120

衢州

柯城七里乡：乡村游助力七里乡香飘千里 / 132

廿八都古镇：文化赋能激活旅游资源 / 144

舟山

花鸟乡"变形记":从荒废渔村到"网红"微度假目的地 / 156

台州

温岭石塘镇:"山海旅游"打通渔业小镇振兴路 / 168
天台石梁镇:引唐诗风韵,打造云端诗境 / 178

丽水

遂昌县王村口镇:以"红色引擎"驱动发展的"文旅特色"之路 / 188
松阳四都乡:"空心村"到"网红村"的逆袭之路 / 197

余杭径山：一村一韵下的"美丽经济"

中新社 严 格 施 杭 童笑雨

径山镇位于浙江省杭州市余杭区西部，是大径山乡村国家公园的核心镇，区域面积157.08平方千米，是全区水源和生态的保护重地。径山镇生态资源丰富，是"国家级生态镇""浙江省美丽乡村示范乡镇"，已被杭州市列入首批创建市级生态镇行列。镇内文脉以禅茶文化为主，径山寺、陆羽泉、绿景生态园、径山花海等休闲度假项目相继推出，随着区域景点及配套环境的不断升级，一个众人向往的"富美径山"、美丽乡村示范地呼之欲出。

乡村，在很多人眼中，有鸡犬相闻的小道，是规划整齐的新农村。但在径山镇，乡村被赋予了更多可能。

人如画中游。无论是杭长高速径山出口的茶山景观、入城口、径山花海，还是小古城遗址展示馆、径山客历史名人馆、径山禅寺，或是沿线村庄的立面整治、庭院美化及名扬内外的"禅茶第一村"……一道道乡村美景，成为径山发展"美丽经济"的最强动力。

城市让生活更美好，乡村让市民更向往。促使这一口号变成现实有许多途径，但径山走的可能是既费力成效又慢的一条路。那就是一村一品、一村一韵，让文旅发展进入"村时代"。

小桥流水，亭台楼阁，江南人家，径山村村口溪水淙淙，整个村落隐匿在青山绿水的环抱间，村民仿佛置身于景区中。来来往往的游客们不会想到，如今这个"陶渊明式"的田园村落，多年前是个山沟沟里的小村庄。不要说游客，就连村民去趟镇里都很不方便。

径山五峰山房民宿老板章红艳是土生土长的径山村人。她记得，小时候的径山村，都是黄泥机耕路、狭窄的山道；以前不重视生态环境建设，挖山采石的作坊式小企业不少。

村庄从什么时候开始改变，章红艳也记不清楚。但作为一名曾在外闯荡的归乡人，她惊讶于家乡的日新月异。

"茶厂搬迁了，水泥路修好了，头顶上纵横交错、杂乱无序的'蜘蛛网'电线没了，老房子也变成了白墙黑瓦的'杭派'民居，道路两边还种上了树……"章红艳所见，是径山镇发展"美丽乡村"的一个缩影。

自2003年浙江启动"千村示范、万村整治"工程以来，杭州深入践行"绿水青山就是金山银山"的发展理念，美丽乡村成为杭州"三农"的一张"金名片"。

作为杭州的都市新区，余杭相继实施了一系列重大农村综合整治工程，径山镇的改变自此开始。但要说到径山镇"改头换面"最大的那一年，当追溯到2017年。

2017年3月，到任仅10天的余杭区委书记毛溪浩在5天内2次来到径山。他在调研后认为径山"完全可以大有作为、作出更大贡献"。他希望径山"以景区理念规划全镇，以景点要求建设村庄，着力打造全域景区乡镇"，并对这片好山好水提出了"全力打造杭州城市后花园，争当践行'绿水青山就是金山银山'排头兵"的切实要求。

面对新目标，径山镇如何提升

2017年，径山开始了小城镇环境综合整治工作。统一的白墙黑瓦，平整的柏油路面，崭新的路边绿化，还有从空中消失的强弱电线路，让整条街看起来清爽干净、安宁祥和。

同时，径山还首创农村建房带图审批，制订《农村建房带图审批指导手册》，提供20种建房样式和7种围墙样式，进一步规范农村私人建房，在全镇范围内打造禅茶文化风格民居，并把小城镇整治拆后土地优先用于园林绿化和公共配套设施建设。

这些看起来琐碎的工作,在大径山制订的《大径山乡村国家公园保护管理办法》中,都有所体现。

"村庄建筑外观色彩应与周边传统建筑风貌及自然环境相协调;景观敏感地带的新建住宅应采用以黑白灰为主的传统色调;农户建房应采用坡屋顶形式,景观敏感地带的屋顶色彩应以传统的青黑色为主,体现'粉墙黛瓦'的建筑风韵……"整整17页的实施细则,针对大径山的一花一木、一砖一瓦、一石一塘,都有明确的管控办法。

章红艳家中的老房子,就根据镇上的要求,变成了典型的白墙黑瓦"杭派"民居。同样的转变,在径山多个乡村上演。

目前,径山镇6个村创建为3A级景区村庄,7个村创建为2A级景区村庄,2个村被认定为全区首批农文旅融合发展示范村。

但径山镇蜕变为"大花园",靠的绝非环境整治,而是一村一景、一村一韵的布局。

据径山镇党委委员、人武部部长张旭介绍，2016年以来，径山立足大径山乡村国家公园核心区站位，禅茶、山水特色，实施了双溪禅茶风情小镇建设，形成了以"一心（双溪集镇休闲体验中心）、两带（沿双溪景观带、休闲带）、三片（西部农业发展片区、北部休闲农业片区、东部山林体验片区）"改为"一核两带五景区"的空间布局，围绕"一镇三地"目标（全省生态经济第一镇、共同富裕示范引领地、美丽中国样板地）为核心的空间布局，同时深挖禅茶文化，结合产业提升和特色产业强化，孕育了集生态农业、特色人居、休闲旅游于一体的禅茶风情。

同时，径山镇实施全域景观风貌整治，打造不同特色示范村，将创建农业园区、美丽乡村、现代民宿等与大径山专项整治有效衔接贯通，相互依托，将径山镇建设成为全国一流的农村三次产业融合发展和美丽乡村建设示范样板区块。

用通俗的话来表示，即打造不同特色示范村，让每个村庄都有不一样的风情。

"风情小镇建设，不能'单打独斗'，也不能仅靠一个村庄带动整个乡镇的发展。"张旭说，乡村的蜕变不能急，一定要找准定位。"如果只是昙花一现的打造，那宁可不要。"

张旭的决心，也是径山发展全域旅游、打造风情小镇的初心。

地处天目山脉东北峰的径山村，是一个以茶、竹、笋和乡村旅游为主导产业的小乡村。这里有着闻名遐迩的径山茶和径山寺。"禅茶第一村"是当地政府赋予径山村的定位。

为了完成这一目标，径山寺开始复建，山顶片区的村民及茶厂统一搬迁至径山脚下。眼下，这里按照政府统一规划、统一设计、统一建设、统一管理要求，正在打造一个小桥流水、亭台楼阁的"陶渊明式"的田园人家。而茶厂也将升级成为带有茶道表演、素食体验、茶宿生活为一体的江南休闲养生基地。

因为有"茶"这一品牌，在体制内工作的章红艳毅然决定辞职回家，在径山脚下开了一家民宿——五峰山房。不同于其他民宿,这是传统茶艺文化爱好者的聚集地,也是章红艳"以茶会友"的地方。对于民宿这样的一个设定,她笑称是"因势而为"。

"现在的旅游已不是原来观光的概念了,很多人出游也不再是'上车睡觉,下车尿尿',他们想要的是沉浸式的历史文化体验。"章红艳说,随着"禅茶第一村"的打造,很多游客希望到径山村来感受茶文化。

为此,她不仅专门去拜师学艺,还将民宿打造成了径山茶文化体验点。春天会有春茶采摘,到了秋冬季节,游客还能围炉煮茶。因为喜欢汉服文化,她将汉服与茶相结合,开设汉服体验点。每个月,都有大量企业团队、工会组织和传统文化爱好者选择到径山村度假,住在五峰山房,穿上汉服,学习南宋点茶技艺。

如今,这样的体验在径山村越来越多。当地还通过举办径山茶宴、茶祖祭典、宋代点茶等独具魅力的禅茶体验活动,吸引千里之外的游客来到径山村,访古对饮,感悟传统文化。

有如此好的文化和产业基础,在径山村,抓住这一机遇的并非只有章红艳一家。

据悉,在整个径山村,大部分原住民都将自己的房子改造成民宿,以承接外来游客。"20多年前,村里连农家乐都没有几家,现在家家户户都开了民宿,在家门口坐着就能赚钱。"章红艳说。

为了规范民宿经营,径山镇还出台了休闲产业扶持政策,提供300万元,鼓励民宿提升发展,开展免费培训,细致到民宿经营、茶艺、烹饪、叠被子等项目。

如今的径山村,已成为集民食民宿、文化体验、茶产业深加工为一体的3A级景区村庄。一条从杭州六公园出发,终点站为径山村的公交线路,也为当地带来了源源不断的游客。

一组数据或能说明径山村的热门程度:2020年,径山村集体可分配收入达1140万元,农民人均收入43510元。古刹下寻得"致富经",村民奔小康的路越走越宽。

径山村以茶迎客，四岭村则立足于农文旅产业。这也是径山镇不断加大农业观光旅游开发扶持力度，将绿水青山转化为美丽经济的缩影。

四岭村有风景怡人的四岭水库，四周群山叠绕，无污染企业，是一个生态环境保护绝佳的水源地。也是看到当地的自然优势，嵊州人潘浩亮第一次到四岭村的时候，就相中了这个地方，并开办了一家"山果湾"农庄。

"我一直想进军农业领域。"潘浩亮说，一个好的农产品，首要条件是有好的空气、水源、土壤。他整整寻找5年，才在一位友人的建议下，选择了径山四岭村。"当时看到水沟里的小虾米，我就决定，要把果园建在这里。因为只有足够干净的水，才会有小虾米。"

选定了地址，他承包了当地农民的土地，并引进许多葡萄品种，开始种植。后来，他成功培育出美国珍珠无核小红提、美国小青提、英伦玫瑰等品种，并与杭州香格里拉饭店、绿城集团等知名企业达成供货合作协议。2012年，他的葡萄在浙江省精品葡萄评比活动中荣获"浙江省精品葡萄银奖"。

如今，除了种植葡萄，桃子、李子等水果都出现在潘浩亮的果园中，越来越多的游客慕名到他的果园里采摘，开启了农旅结合运营模式，鼓励带动周边农创客、农业青年投身农村创业。

在径山镇平山村，长径线穿村而过，青山绿水间移步换景，人文历史与乡村生活融为一体，渐渐凝结出独有的风情。其中，径山书院应是一大"网红"景点。

以径山文化为点，径山书院建造展览馆以陈列展示当地传统手艺和非物质文化遗产等，与禅院进行深度合作来推动优秀传统文化的发展，并计划与村民合作，共同开发当地特色旅游。

在乡村景区化的推进过程中，各种资本、技术助力文、农、旅相结合，输入乡村振兴原动力。国家级生态村、浙江省3A级景区村庄小古城村，10多年时间里，环村公路变成了景观大道，民宿经济和乡村旅游风生水起，村民收入增长了4倍之多。

余杭首个创新实施全村土地流转村庄——绿景村，先后落成绿景堂生态园、西子农林现代生态园等五大生态农业园区，形成了集生态保护、产业发展、休闲旅游为一体的都市农业生态经济体系，实现生态效益和经济效益的双丰收。

此外，像明珠般散落在径山各地的别具一格的民宿、酒店、农业园区等，它们可自然，可简约，可悟禅，可修心，可复古，可怀旧，每一处都是匠心之作，可圈可点。

也正是这一系列的蜕变，让"去径山"成为了人们美好生活的一部分。2021年春节期间，径山镇接待游客24.6万人次，五一期间接待游客25.7万人次，合计旅游收入达3614万元。可以说，发展全域旅游，径山已迈入"村时代"。

根植于生活，径山镇融入现代人的生活方式、情感喜好、审美情趣，把农村作为一个大花园来建设，形成旅游休闲形态的乡村品质生活。"旅游不一定是去景点,而是放眼望去都是景,所经之处皆能游。"径山镇党委委员、人武部部长张旭说。

据介绍,2021年,借力数字化,径山镇正积极探索推进"治理、产业、富美、区域"四大共同体建设。该镇以"核心区+辐射带动区"的模式,按照"地域相邻、产业相近、优势互补、合作共赢"的原则,统筹推进小古城村、径山村、前溪村以及周边地区的发展,通过产业扶持、技术指导、资源共享等方式,打造形成高效能治理、高质量发展、高水平均衡、高品质生活的"共同富裕示范村"。

临安河桥：以国漫数字景区为核心，点亮美丽城镇夜游经济

中新社 谢盼盼 王题题

河桥镇位于浙江省杭州市临安区西南部，在杭州—千岛湖—黄山的黄金旅游线上，地处省级清凉峰旅游度假区核心区块。全镇总面积190.8平方千米，下辖11个行政村，户籍人口1.8万人。域内自然物产丰富，生态环境优美，拥有柳溪江漂流、瑞晶石花洞等景区。河桥老街2000年被列为省级历史文化保护区，是一方富丽奇特的宝地。近年来，该镇荣获"全国环境优美乡镇""国家卫生镇""浙江省小城镇环境综合整治省级样板镇""浙江省生态镇""浙江省旅游强镇""浙江省体育强镇""杭州市'无违建镇'"及杭州市首批"风情小镇"等称号。

"唐昌一千年地贯徽杭浙皖,首镇两百里水通富春钱塘",说的就是千年古镇——河桥。河桥,一个与水紧密相连的名字,一座充满浙西风情的小镇,一片神奇而美丽的土地,她有着丰富的自然物产、优美的生态环境、独特的旅游资源,以及浓郁的人文气息。依托昌化溪、昌南溪、蒲溪三溪汇合之利,河桥曾是商贾云集之地,有过"三千舟船泊古埠,舷歌对唱闹浙西"之胜景。

据《昌化县志》记载:"河桥一带,几里许,烟火不下千家。货船竞发,帆影如云,被称作唐昌首镇。"20世纪40年代抗战时期,河桥再度繁荣,商业集市颇具影响,素有"小上海"之称。

随着世事变迁,这座有着1300多年历史的古镇不再商铺林立、樯帆林立,变成了一个安静的小镇,河水无声地流淌,村民们悄然过着依山而作、傍水而息的农耕生活。正是由于村民们世代在这里生活,原生态的河桥古风古貌才得以保存。在炊烟中迎接朝阳的马头墙,迎着夕阳在河边捶衣嬉闹的村妇,长满青苔、挂着蛛网的青砖、古墙、老窗,构成了一幅朴素的浙西农家生活风情画。

凭借着秀丽的山水，保存完好的老街，百余幢清代民国时期的建筑，2000年，河桥古街入选浙江省第二批省级历史文化保护区。同样作为省级历史文化保护区的有乌镇、同里、南浔、周庄……这些曾经也像河桥一般朴素的江南古镇，被华丽包装后，吸引了大量游客前往游玩，已远远走在了河桥的前头。

如何紧跟其他江南古镇的脚步，做好旅游开发工作，成为摆在河桥镇党委、政府面前的一道题。

随着岁月流逝和历史原因，河桥引以为豪的古建筑已变得过于破旧，老街的许多古民居粉墙已斑驳不堪，黛瓦已饱经风霜，曾经清澈见底的"太平沟"成了臭水沟，木制建筑也因年久失修，破损严重，急需修缮。如此这般下去，不要说吸引游客前来游玩，连镇上的居民也不愿在这里生活。

是像那些已经轰轰烈烈搞开发的文保古镇那样迁走居民，重建新修建筑？还是为居民改善生活条件，保留河桥古镇"天人合一"的古风村貌？河桥镇党委、政府和市文化职能部门经几番辩论，最后统一意见，选择了后者。因此，《河桥历史保护区抢救性维修方案》《河桥老街农村历史建筑保护方案》先后出炉，河桥老街的保护工作逐渐走上正轨。

从2002年开始，河桥镇政府筹措资金，并开始疏浚整治老街"太平沟"水渠，复原性修复青石板道路；同时本着"修旧如旧、风貌格局不变"的原则，对河桥老街上40余幢年久失修的居民危房实施抢修、改造；按照"立面控制、修旧如旧、层高两层"的原则，对河桥老街上的建房户从审批、放样、结顶实行全程监督；还组建居民义务消防队，增添消防设施器材，做好老街建筑的消防安全保护工作。古建筑的安全性得到巩固，可观度得到提高，人们的生活质量也得到改善。

河桥老街是古镇的象征，是古镇文化最直接的反映。经过整治后，老街南北长近2000米、宽5米，皆用条石、鹅卵石铺筑。古街两旁有100多家店铺，这些店铺具有清末民初传统建筑风貌，还留存着当年店铺林立的痕迹……

为进一步推动小镇的旅游开发，多个旅游项目风风火火开工建设。在蒲溪修建"河桥古渡"历史古码头，在河桥村村口建立村民休闲广场，拓宽改造古镇老街入口古道……自此，河桥镇跟周边客源稳定的柳溪江景区、瑞晶石花洞景区连成一体，凭借原生态的浙西古韵、古风、古貌吸引来自五湖四海的游客。

然而，这并不是故事的结尾，小镇古街的保护开发只是迈出了河桥古镇复兴的第一步。

环境是城镇形象的有形载体，也是城镇发展的无形资本。近年来，为提升发展河桥镇的城镇环境和城镇品位，河桥持续推进"全域整治""三改一拆""五水共治"等专项行动，以美丽城镇、示范型村落景区、"一廊十线""百路千里"等创建为载体，同时，围绕创建"省级旅游风情小镇"的工作目标，按照景区化建设标准，在点上抓创建。投资3.5亿元建成美丽公路——河白线35千米，投入8000万元提升改造昌文线示范路10千米，新建四好农村路42千米，逐步形成美丽乡村点上出彩、美丽公路串珠成链的新格局，形成更加顺畅联通的交通圈。

在面上抓全域。紧盯环境卫生死角，实施一线比拼大行动，采取交叉标号、蹲点清零等方式，持续打好"破、旧、乱"歼灭战。自2019年以来，已累计拆整点位3000余处、拆除面积7万余平方米，11个行政村成功创成"无违建"示范村，在全区率先实现无违建村创建全覆盖。

回忆起当时的整治行动，河桥镇人民政府副镇长陈玉忠笑着说："2017年开展综合环境整治的时候，我们镇一星期内拆除了集镇上900多处的违章建筑和破危房屋，且没有出现一次群众上访的情况。"

而这都得益于前期的积极宣传引导，并挨家挨户上门进行沟通协调。据参与该项行动的有关工作人员介绍，在开展该项整治行动的过程中，也是碰到不少钉子的。比如，有居民为了不被拆除自家的违章建筑，甚至在协调员上门前就跑去临安区子女家里。为此，协调员不得不找到其子女家进行沟通协商。

如今的河桥，乡村环境进一步优化提升，资源要素进一步整合集聚，建成休闲绿道、3A公厕、口袋公园、停车场等项目，配备集镇亮化、标识标牌、残障设备、共享单车等设施，实现农村生活污水处置全覆盖，同时旅游配套也不断完善。

从高空鸟瞰杭州临安河桥古镇，古镇经过环境综合整治后"颜值"提升。"蜕变"后的古镇犹如换上新装的"小镇姑娘"，吸引不少游客前来观光打卡，也带动了镇上部分旅游业态的兴起，如民宿产业等。

当地政府通过美丽城镇建设，将沉寂许久的河桥镇重新展现在人们眼前。在这个过程中，越来越多的老河桥人回到故乡，或颐养天年，或回乡创业。像陈雨英，在离家多年后，用打工半辈子攒下的积蓄，回到河桥开了一个由三间房组成的民宿，取名"行宫燕楼"。

1994年，迫于生计，44岁的陈雨英咬着牙离开生活了半辈子的故乡。在杭州，夫妻俩为了生计到处奔波。陈雨英做过钟点工，开过网吧，开过棋牌室。眼见日子一天天好起来，但在她的心里，却始终有一个遗憾。"这么多年带着母亲一起在外奔波，导致母亲没能好好安享晚年，很

早就过世了。"

回忆往事，陈雨英感慨万千，"母亲不会用电话，有时都是请邻居打电话，那份孤独感可想而知。"陈雨英不是没考虑过回老家，但当时的河桥镇，无论是镇容镇貌还是交通，都不适合回乡创业。之所以选择回来，陈雨英坦言，主要是家乡这几年的变化，令她感到既欣喜又意外。

除了像陈雨英这样返乡办民宿的河桥人，也有不少当地居民在那时开始开办民宿。

梳理河桥镇的民宿发展，该镇副镇长朱华表示，最初临安是发展农家乐的，人均消费150元左右。2015年、2016年，镇上有居民开始兴办民宿。到了2017年、2018年，镇上的民宿行业达到了顶峰，一批具有地方特色的精品民宿也不断涌现，如僻地寒楼、玖隐空山、初忆小院等，人均住宿一晚800—1200元。

但是2019年后，该镇的民宿产业收入逐渐走低，客流量也不断减少。

如何留住游客，成为限制河桥民宿产业发展、居民收入提升所面临的首要问题。

"你们这风景很漂亮,集镇建设也很好,但是没有玩的东西,我们来了之后不知道要玩什么、吃什么、住什么……"一位游客的一席话,如当头棒喝,让河桥明白了问题症结所在。

因此,近年来,河桥镇积极寻找解决的方法,探寻如何在推进该镇旅游业态的丰富与发展的同时,避免和其他小镇发展同质化。

为此,河桥镇可谓是下足功夫。该镇以项目为核心,大力招引和落地一批优质的旅游项目。如成功招引杭州商旅集团,投资15亿元分三期打造国漫数字小镇;招引临安国兴集团,开发和尚坪、石室寺两大区块。同时,推进瑞晶洞提升改造、秀溪山庄康养综合体、柳溪湾山庄、九龙山庄等项目,持续发展和壮大旅游产业,打造项目聚集区。

同时,河桥选择地理位置相近的河桥、泥骆和云浪三个村,打造示范型村落景区,并与宏逸柳溪公司签订村落景区运营协议,明确以"国漫"元素为依托,打造农业观光、亲子采摘、农事体验、山地运动和研学基地,发展动漫文创、婚纱摄影等产业,形成集吃、住、行、游、购、娱于一体的旅游综合体。

2020年，河桥镇以建设集"山水观光、文化体验、农业创意、康体休闲"于一体的"一站式休闲俱乐部"为目标，强抓国漫数字小镇建设的大好机遇，发挥大集团、大项目成熟的运营模式、强大的资金支撑，一期项目投资近1亿元，利用河桥古镇、柳溪江漂流两大景区进行提升改造，植入腾讯IP"狐妖小红娘"元素，推进沉浸式夜游项目。

据悉，国漫数字小镇项目将结合数字技术、智能信息、物联网等技术手段，建设国内首个"国漫数字化景区小镇"为主题的旅游目的地和动漫产业聚集地。该项目的技术呈现方式在众多旅游产品中是首次尝试，以植入腾讯IP"狐妖小红娘"为核心内容，主要通过3Dmapping、楼体投影、全息互动、机械互动等技术，在夜间将动漫元素进行实景虚拟呈现，打造沉浸式夜游体验项目，将彻底改变以往游览型的旅游模式，增加游客的互动感、体验感，让古镇妩媚起来、炫耀起来、梦幻起来。

谈及"狐妖小红娘"IP，陈玉忠侃侃而谈。他表示，彼时恰逢杭州商旅集团为其购买的腾讯IP"狐妖小红娘"寻找契合的景区进行项目落地。在实地考察河桥后，杭州商旅集团认为河桥古镇的地理格局和风貌与"狐妖小红娘"动漫场景相似，因此，双方达成了合作。

同时，陈玉忠欣喜地透露，杭州"狐妖小红娘"景区的开业，让河桥百余名居民实现了就地就业，居民收入实现了显著提升，也推动村集体经济的盘活和壮大。

下一步，河桥将继续对照创建指标，查漏补缺，推动国漫数字小镇、和尚坪滑雪、九龙山庄等项目落地生效，加快白下区块、云浪茶园等项目开发，进一步打造产业集群。同时，继续落实优惠政策，大力开展招商引资，推出一批具有河桥文旅特色的产品和业态。此外，河桥也将全力推进配套建设，进一步完善集镇基础配套设施，不断丰富吃、住、行、游、购、娱等旅游要素，将河桥打造成浙西旅游重要目的地。

建德梅城：千年古城复苏记

钟 新

梅城镇（严州古城）地处浙江省杭州市西部、建德市东部，位于新安江、兰江、富春江三江汇合处，北枕乌龙山，南临三江口，依山傍水，风光秀丽，古称"严州府"。自三国时期置县以来，已有1800余年历史，历代曾为睦州、严州州治及建德县治所在地，是全国为数不多的州府规制清晰、街巷肌理完整、历史文脉可寻、历史遗存丰富的古城。曾先后荣获"全国千强镇""浙江省历史文化名镇""2020年度浙江省美丽城镇建设样板镇""浙江省小城镇环境综合整治样板镇"等多项荣誉。

从建德高铁站出站，坐汽车15分钟，就到了梅城古镇。

走在梅城古镇（严州古城）的步行街上，处处都是历史的痕迹。范仲淹在这里修过严陵祠，建了龙山书院（第一座州府办学的书院）；朱熹在这里教过书；陆游祖孙三代在这里当过官；《聊斋志异》青柯亭本在此刻印问世；"睦州诗派""新安画派"在此孕育而生……

"梅城"这个名字很雅致，其来源是因为一段城墙，梅城因古城墙临江一段筑成梅花而得名。早在三国时期就设立建德县，唐神功元年（697年）睦州州治迁至梅城，此后直至1959年均为州府、路、专署所在地。而此后，据梅城人胡建民回忆，梅城因水路阻断而沉寂，逐渐成为脏乱差的集中地。1968年，连接梅城东西两湖的玉带河因富春江水库开始蓄水，外江水位抬高，梅城镇内水系无法直排入江。兴盛一千多年的水路重埠，也一路滑向"无边落木萧萧下"的境地……在很长一段时间里，纵使有范仲淹、朱熹、陆游等名人"加持"，梅城也无法解决现实的窘迫。

"古城复兴"从何起步

在浙江省"大湾区大花园大通道大都市区"建设以及杭州拥江发展战略机遇下，2018年，梅城镇美丽城镇建设正式拉开帷幕。千年古府的肌理一点点从历史的尘烟中剥出。

在严州古城的中轴线——正大门、南大街，当地陆续恢复了建德侯（状元坊）等14座古牌坊。尘封已久的澄清门和福运门古城墙"重见天日"，成为严州古城贯通古今的文化符号。曲曲折折的街巷里，还分布着金源昌烟厂等主要历史遗迹及古建筑群落。

玉带河恢复工程也被提上议程。经过两年多的建设，玉带河不但恢复了古河道，同时，临水建筑以及沿岸景观带逐步完成，玉带河携着一条集历史文化展示和生态景观休闲于一体的特色街区款款归来。

由此,千年古府"一轴一带一环六区"的古城保护利用功能布局也正式形成:由东向西,玉带河波光粼粼,东湖与西湖是两颗熠熠生辉的明珠;从南到北,正大街串联起澄清门与严州府城楼,10座牌坊顺次铺展,满街青石板光亮如镜。玉带河畔"有家皆掩映,无处不潺湲",古城墙外"野旷天低树,江清月近人",一幅流动着的富春山居图缓缓展开……

梅城旧貌换新颜,为"守"好底蕴优势,做大美丽经济,梅城成立了严州古城管委会,以规划为指导,围绕全域旅游、产业发展、生态环境、公共服务等方面,全方位、系统化推进各类政府投资项目。

"在对古城历史风貌进行保护的同时,我们还围绕产业新业态、生活新设施进行有机更新。"严州古城管委会副书记姚钟书介绍,这两年梅城推进了34个重大项目建设,完成了美丽城镇展示厅、金石博物馆、清邮局、德文化实践中心、杭州书房、老家年代记忆馆、邻里中心、浙大西迁建德办学点等文化展示与体验场馆建设。古城空间日益舒朗，那些流传千古的诗句，那些曾经在这里挥斥方遒的文人大家，逐渐变得清晰起来。

与此同时，如何把握"老"和"新"的关系，做好历史文脉的挖掘，地域文化活态的传承显得尤为重要。梅城坚持考古前置，保护第一，共发掘古牌坊残件和石构件3000余件，还原三元坊等古牌坊14座，修缮历史建筑20余幢。

坐落于梅城三星街的"清邮局"，创建于清光绪二十年（1894年），是严州古城保持比较完好的清代古民居院落式建筑。这个早已失去原有功能的邮局，被植入了新的业态。在这里，游客们可以了解古人信息传递的方式，也可以坐下来喝杯咖啡，在饱经沧桑的老建筑里，感受历史变迁，给未来的自己写一封信。

像这样新与旧的融合，在梅城随处可见，这也正是当地让古镇不断保持活力的重要秘诀。

能够支撑起梅城未来的，唯有厚重的历史。这就是建德梅城在建设

与保护中"披沙沥金"的政策基点。也正因如此,在规划严州古城空间时,还有近80%原住民留了下来,成就了一座活态的古城。

沿街店铺里的老板娘,吆喝着当地特色的严州烧饼;打扮时髦的年轻人,有说有笑地从马头墙下走过;老街上的居民坐在门口摇着蒲扇乘凉……古城的故事,就这般藏在润物无声的细节中。

2020年,受疫情影响,旅游市场陷入低迷,但严州古城却逆势上扬,全年旅游人数突破209万人次,人均消费超130元,同比分别增长68%、142%。游客人数增长率创历史新高。这不仅仅是单纯的数字,更是古城的发展潜力。

"旺起来"的古城更要"富起来"

梅城坚持打造以文兴旅、以史兴城的文旅产业生态闭环,成了远近闻名的"网红景点",但"人流"并不意味着"客流",如何让"旺起来"的古城"富起来"成为摆在梅城面前的一道难题。

在姚钟书看来,梅城古镇需在文旅深度融合上,立足挖掘和传承,在业态创新升级上,把握多元和集聚。把风貌重塑和业态培育结合起来,立足区块定位推动错位协同发展,聚焦打造多层次消费场景,才能让客人走到梅城的每个角落,都能停下脚步。

近年来,古城核心区块,按照"品质化、特色化"要求,对四条重点街区绘制业态版图。古城正大街、南大街上非遗和老字号店铺鳞次栉比,东门街是严州美食聚集地,而三星街依托清邮局等展馆和特色民居,成为文创街区,吸引众多游客。

漫步在梅城,你会发现,古城留白处,更具品质感的新业态、新项目正在"生长"——玉带河沿岸,白墙黛瓦、古色古香的新建房,与粼粼河水相互映衬;颇有江南韵味的商业街区,入驻了肯德基、星巴克;古街上,"严州府""致中和"等老字号品牌全部回归,和早就入驻古城的"思味王"糕点铺一样,第一时间将严州滋味带到游客面前;东湖旁的龙山书院,旧时为范仲淹创办,复建后链接产学研,将创新融入论坛、研学、旅游、文创等功能,成为一张让千年古府绽放文化异彩的"金名片"。

在古城核心区东侧啤酒厂旧址上,有一个名为"严滋味"的夜宵美食广场。为了把这个美食广场做出特色,2020年,梅城镇政府还开展了厨艺大赛,成绩优异者才能入驻美食广场。在举办者精心策划下,效果显著,8天时间里餐饮所带动的收入占了大头,达2000万元。

玉带河上的手划船也是古城新晋"网红"。小小的元宝船从梅城西侧的西湖驿站出发,沿玉带河往东到古城中心位置的江家塘再折返,全程40余分钟。泛舟水上,赏古城美景,业已成为游客争相打卡的体验型水上旅游项目。

此外,古城还成功举办了中国州府文化论坛、严州古城诗词大会,同时《严州文化全书》第一辑正式出版。2020年国庆期间梅城举办了"梦回严州府,看见新梅城"主题打卡活动,可看可玩的文化展馆及虾灯、婺剧、拓印等传统手工技艺和非遗文化体验,让古城主动贴近游客。

依托严州古城、梅城新城、高铁新区等产业平台，梅城正引进先进制造业、文创商贸综合体、休闲农旅等项目，有效带动乡村产业振兴，弘扬文化，提升人居环境。

越来越多的人循着诗意，被吸引到梅城。

周宇宏是个久经商场的生意人，他相信自己的眼光："对梅城的发展，我比谁都有信心。"他正在积极筹划"花间堂"项目，位于严州古城玉带河畔，邀请国内知名的设计师，将严州文化与建筑造景有机结合，打造极致的休闲度假产品。周宇宏觉得梅城已经迎来了古城复兴的机遇，各种项目也会蜂拥而至。

依托千年古府历史文化和三江口自然山水资源，积极引进以酒店住宿、会议活动、文化创意和展示、水上休闲等为主要业态，提升梅城核心区产业品质和档次，让梅城成为长三角带有独特标识的文化旅游目的地。

据了解，预计到2021年10月，梅城古镇核心区将拥有1200余张床位。此外，杭州芳草园度假酒店、开元大酒店等一批项目正在加快建设中，多方位多层次满足旅客需求。

数字化建设如何赋能千年古城

无论是政府部门，还是古城百姓，数字化建设如何赋能千年古城，无疑是一个全新的课题。

2021年5月，在深化数字化改革的大背景下，《智在严州——千年古城复兴试点应用场景建设梅城方案》启用，全面打造和迭代完善千年古城游客结构在线分析、古建筑保护数字化和游览资源小程序导引等功能。

"智在严州"方案出炉，按照"1＋4＋X"模式全方位构筑数字古城。"1"，指梅城镇数字治理协调中心；"4"，指"爱上千年严州·数说严州，畅游千年严州·数游百景，守护千年严州·数化万物，发展千年严州·数惠万民"四大数字应用主场景；"X"，则指四大主场景之下的多个应用场景。

"数字治理协调中心是'智慧大脑'。"姚钟书介绍,协调中心创新探索"138"工作机制,即1个中心集中指挥调度,信息上报、指令下达、部门反馈三大步骤实现闭环反馈追溯,并在8分钟内进行事件应急联处,"最终,所有数据、所有事件、所有矛盾等均汇集到中心,为相关部门掌握情况并进行决策提供有效支撑"。

四大主场景,则可以用四句话来概括:唐宋元明清,从古数到今;吃住玩乐行,一屏我都行;万物大互联,智慧小哨兵;镇企村社户,联筑复兴路。

系统规划之下,古城的保护、基础设施日益更新完善。梅城的消防、排污等和老百姓息息相关的数据接入了数字系统。

在梅城的窨井里,装上了一双双"眼睛",监控着古城的雨、污分离和水情监测。"古城环境很重要,尤其是经过整治提升后,更是需要加强

后续管理。"严州古城管委会副主任姚钟书表示,通过监控设备,一旦有随意排放污水,就会通过"智慧平台"报警。

当"智慧大脑"开始运转,越来越多的古城保护应用全面铺开。严州古城内的古城墙、儴石、方家大院,以及古城外的南北峰双塔等50余处文物保护和历史建筑都有了全天候的监管保护,其中全国重点文物保护单位南北峰双塔实现360度全景远距离巡视,古城墙则实现了全范围的监测巡查。

数字化让古城保护更进一步,也让游客对古城有了更直观的感受。在严州古城七郎庙码头的景区游客中心,数字大屏、互动投影、沙盘等已不稀奇,令游客们争相体验的是中心内新设的互动触摸屏、VR穿戴设备等智能化设施。"太奇妙了!"从上海来梅城游玩的90后小伙黄晟宇一摘下VR眼镜,就向朋友推荐,"一秒钟穿越到宋朝,牌坊惟妙惟肖,还有范仲淹他们在吟诗作对。"

"云上严州"动态呈现了古城变迁的历史轨迹,让物理时空虚拟化再造,穿连古今,为文化映象带来全新的视角。

让初到梅城的客人们走得顺畅、玩得尽兴,也是严州古城数字化建设的方向。在"严州古府景区"公众号内,通过智能导游栏目,游客能够很快发现古城内好吃的、好玩的。而今,游客只需扫一个小程序,就能享受10秒订餐、20秒入园、30秒入住、40秒停车等旅游一键化服务。

数字化赋能下的梅城正在迎来属于它的"新时代"。

谈到严州古城下一步规划建设,严州古城管委会副主任姚钟书表示,将从现有文化展陈基础上继续挖掘严州文化,形成辨识度较强的古镇特色文旅"IP",打造具有古城特色、符合古城气质的文旅产品和精品线路。

在未来的机遇与挑战中,严州古城将以千年历史文化积淀为基础,进一步深化文旅融合,推出更丰富的主题活动、更优质的游玩体验。

宁 波

NING BO

象山石浦镇：融合"旅游+渔文化"谱好新时代的《渔光曲》

钟 新

石浦镇隶属浙江省宁波市象山县，位于象山半岛的南端，镇域面积126平方千米，常住人口10万余人，其中渔业人口2.4万人。石浦镇拥有千年的渔港历史和丰富的海洋资源，以"石浦海鲜、海渔文化、渔港风光"闻名长三角。2020年，石浦镇共接待游客589.2万人次，实现旅游总收入68.5亿元，同比分别增长10.3%、10.1%。2005年，被评为"中国历史文化名镇"，2018年入选浙江省首批旅游风情小镇。

石浦是中国海洋渔业最早的发祥地之一。秦汉时，就有先民在此以渔猎为生，繁衍生息，"沿溪布村，村前滨海处多岩石"，故名石浦。

石浦古镇正式设镇有600余年历史，它一边是山，一边是海，有着山城渔港特有的高低错落风貌，素有"城在港上，山在城中"之称。

镇上的渔民每日迎着朝阳劈波斩浪，出海捕鱼，夜晚伴着星光收拢船帆，回到家中，每日吃的是地道海鲜，住的是临海民居，坐的是出海渔船，晚上枕着海浪拍打堤岸的催眠曲入眠……石浦人生活的点点滴滴都有着鲜明的渔乡印记。

至今，这里仍完好地保留着天后宫、王将军庙、明代昌国卫古城墙、东门灯塔等反映海防和渔港历史的文物古迹，拥有"渔民开洋节、谢洋节""石浦——富岗如意信俗""象山渔民号子"等国家级非物质文化遗产的风俗，传承着渔灯、渔歌号子、竹根雕等世代相传的民间技艺。

中国第一部在国际上获奖的电影《渔光曲》也是在石浦完成拍摄。1933年，蔡楚生、王人美、聂耳等30多人就住在石浦渔港古城福建老街上的"金山旅馆"，拍摄完成了有声电影《渔光曲》。该电影1934年上映，参加莫斯科国际电影节获得第九名，这是我国第一部获得国际荣誉的电影。

改革开放以来，石浦不断挖掘"渔港特色"，发展旅游经济，不断改善旅游环境，优化旅游业态，文旅融合风生水起，东海之滨正奏响一曲全新昂扬的渔光之曲。

前奏：活态保护＋文化宣传

在浙江，富有江南韵味的"小桥流水人家式"的古镇并不罕见，但是，富有渔家特色，可枕浪入梦的小镇却不多，如石浦古镇这样有着悠久历史文化，保留着传统建筑格局，依照过去的风俗习惯生活的小镇更是

少之又少。

石浦小镇的独特魅力,吸引着周边上海、杭州、宁波等地的游客前来观光。石浦镇抓住机遇,依托石浦古城打造景区,保护和修葺古建筑群,整体修缮了石浦老街清末民初5万余平方米的古建筑,重点修缮和包装了具有一定规模的大宅院。

"在石浦生活了大半辈子,第一次感受到石浦整体环境如此干净,道路上停放的车辆也是整整齐齐的。去修缮过的老街走走还能回味下小时候的记忆。"镇上的居民对改造完的石浦这样评价。

余秋雨到石浦考察访问时,留下了"一座活着的古渔镇"的评价。

一语点醒梦中人,"我们开始意识到,古镇需要活态保护,古镇里的居民也是景区的重要组成部分。"

石浦镇政府有意识保持景区的原生环境,不断完善基础设施,强化功能配套,完善高水平的交通服务体系,提升生活服务品质,不仅让游客进得来、留得住、住得下,还让老石浦人乐住、新石浦人愿住。

在对古镇进行活态保护的同时，石浦当地也在不断挖掘小镇的文化内涵，加强对外宣传。

石浦古城景区设计了"海娃""城城"两个卡通形象。"我们以海、城两大核心元素为基调，塑造了两个古城景区卡通IP，并延伸开发卡通人物导视牌和景物介绍牌，让原先景区严肃、单调的形象变得朝气蓬勃。"渔港古城旅游发展有限公司总经理夏频说。"海娃""城城"可爱的形象遍布景区的各个角落，为游客带来全新的体验，吸引众多游客打卡合影。

在对外宣传时，石浦也突显石浦地域特色，彰显人文特点，充分利用各种平台，宣传"城在港上"的渔港亮点，放大"山在城中"的古城个性。2021年7月29日，在二十四届中国（象山）开渔节发布会上，象山县石浦镇还正式发布"一座活着的古渔镇"城市品牌，使渔港古城的文化内涵更鲜活，文化形象更鲜明，个性魅力更凸显。

主旋律：文旅融合＋沉浸体验

为了让游客更真切地体验石浦当地的民俗风情，古镇开发了"沉浸式"的旅游模式，与宁波千雅文化公司共同创作《巡司衙门断案》和极具石浦地方特色的《渔家嫁囡》《公鸡代娶》等婚嫁习俗走街情景剧，把景区变成一个天然大舞台。

游客们走在古镇里，会不期然地遇到一支与众不同的婆亲队伍，队伍的前方，小姑子抱着公鸡，后面跟着媒婆、姑姨，紧随其后的是迎亲花轿和背着嫁妆的挑夫、仆人，一路有乐手吹吹打打，还招呼游客们跟上队伍一起去新郎家吃喜糖、讨喜气。

原来在浙江、福建等沿海地区，旧时婚俗中流行"以鸡代婿"的习俗，男女成亲日期已到，如男方因出海捕鱼逾期未归时，就让鸡代表新郎与新娘拜堂成亲，绝不能推迟黄道吉日。

游客们"沉浸"其中，跟着队伍来到新郎家，真切体验石浦当地的民俗风情及文化特色，在轻松诙谐的走街串巷表演中，外来的游客真正地融入了这座古镇。

石浦还积极开发"非遗＋创新"，以国粹、民俗文化的传承为主题，先后挖掘石浦鱼灯、昌国马灯、东门船鼓、细十番、渔歌号子等特色民间文艺项目，培育、发展船模制作、绣花鞋、鱼灯鱼模制作等特色文化产业，举办各类主题活动，如马灯调特色非遗展、"非遗不遗憾"之《喜迎亲》活动等。

尤其是石浦每年的"十四夜"（正月十四），都格外热闹。因为这里会举办元宵节活动，数百人组成的10余支队伍，制作、演绎成百上千盏马灯、鱼灯、船灯、龙灯。

石浦居民李力每年带着孩子来元宵灯会看鱼灯，他介绍："鱼灯是我们石浦独有的，每年只有元宵节的时候才会有这么多的鱼灯。"

灯会上有红鳌白身、两眼明亮的"巨虾"，八足横动、甲壳放光的"螃蟹"，还有眼带金光、通体银白的"鲳鱼"……各类"虾兵蟹将"在夜空中悠游巡视。

舞龙的团队在人群间穿腾翻跃，成员间相互配合把一个个简单动作转化为龙的身姿，孩童们在龙灯下嬉笑穿梭，留下串串欢笑和阵阵惊呼。

负责石浦元宵节活动20余年的负责人侯志友介绍："生活在海边的我们多年来产生了厚重的渔文化，闹元宵是祈福渔民出海能够平平安安。"元宵节过后，石浦的渔民将陆陆续续出海捕鱼，开始新的征程。

在继承、开发传统文化技艺的基础上，古镇还积极引进现代科技、玩法，让传统的古镇也潮流起来。

古镇携手宽彩美妆机构，推出古装走秀活动及古风美妆秀，打造了国内首个"彩妆小镇"，喜欢古风的游客可以在这里穿古装、化彩妆，在特色景点拍照"打卡"。

石浦古镇还试水"夜光经济"，推出夜游项目"古城汇·集市SHOW"，并利用景区空间优势创建一个年轻化、个性化的集市项目——造物

节,打造现代集市,让游客获得衣、食、住、行、购、娱一站式体验。利用声、光、水、电、雾等现代化高科技手法,使游客们可以吹着凉爽的海风,时而抬头仰望璀璨星光,时而坐看蓝鲸、水母等海洋生物在身边"游过",还能穿梭于光影时光隧道,见证石浦古镇是如何诞生发展至今的。

高潮:全域开发+乡村振兴

象山县有象山县的大规划,而村庄也有村庄发展的小方法。

石浦镇的沙塘湾村有着"宁波民宿第一村"之称,已有6家对外营业的民宿,房间总数90间、床位数143张。其中,精品民宿4家,单间价格每晚千元以上,有些甚至三四千元。价格如此之高,却依然一房

难求。

来自江苏的于晶,带着家人驾车8个小时来到沙塘湾村的"潮烟里"民宿,民宿门口是一片潮平海阔的风景,吃海鲜、看海景、吹海风、听海浪、逛景区,接下来几天,于晶尽情享受到了假期的惬意,感受到了渔乡小镇的魅力。

"潮烟里"的民宿主聂文华介绍,像于女士这样的客人在石浦还有很多,尤其是假期,他家民宿基本都会出现订房"小爆"的现象,游客们以民宿为据点在石浦朝山暮海,追逐浪潮。

早年的沙塘湾村,因地处偏僻,九成房屋处于闲置状态。2016年起,村集体通过宅基地"三权分置"改革,盘活农村"沉睡资本",沙塘湾村村委会副主任李志龙想起当年的情况说:"早先集中流转宅基地时,村干部是磨破嘴皮才说动部分村民,村民都很犹豫。"村集体最后和81户农户签订了闲置房屋集中流转协议。

随后吸引浙旅投、开元集团、橡树缘等20余家知名旅游企业考察投资。聂文华是最早投资沙塘湾的"创客"之一,几年来,聂文华带领团队先后在村里投入2000余万元,租用农房,开发精品民宿。

随着一揽子村庄建设项目的落地,昔日的破败渔村实现了美丽蜕变。民宿经济的不断发展,让村民真正成为渔村发展的见证者、参与者和受益者。如今,全村已有77%以上村民签订了协议,后续有意向前来咨询的人也不少。更让李志龙惊喜的是，村里的振兴发展，还吸引了一些在外创业的"能人"回归。

就在"潮烟里"民宿旁，一幢与其风格相近的精品民宿改建工程接近尾声，民宿主人叫陈斌强，早年离家赴北京创业打拼，并小有成就。2019年，他看中老家发展潜力，毅然决然回归沙塘湾，在自家宅基地上投资精品民宿项目。"2021年7月份投入运营。"陈斌强希望，通过努力，在老家能够开辟事业"第二春"。

"盘活闲置民宅"和打造"宁波第一民宿村"，有力推动了村庄从传统渔业向旅游业转型。昔日偏僻的小渔村，变身高颜值精品民宿村，沙塘湾村的变化在石浦镇绝非个例。

截至2020年年底，石浦全镇共有民宿196家，床位3364张；浙江省等级民宿7家，白金宿1家、金宿2家、银宿4家；全年新增民宿45家，房间数308间，床位438张。

如今，行走在石浦的海岸边上，饮海三湾、沙塘静湾、玖悦初见、半山半海……这些风情各异的精品民宿，如同散落在石浦这座"东方不夜港"的美妙音符，串音成曲、连字成歌，奏响着象山全域旅游的精彩绽放之曲和美丽乡村的振兴发展之歌，这正是新时代的《渔光曲》。

宁海前童：一个浙东小镇的古建保护与民俗复活

中新社　谢盼盼　王题题　祝思柔

前童古镇地处浙江省宁波市宁海县城西南14千米处，是浙东地区保存至今的一座最具文化古韵的小镇。它位于长三角南翼，象山港和三门湾及天台山之间，人文底蕴深厚，是第三批"中国历史文化名镇"，历来有"诗礼名宗""江南第一儒镇"之称，传统民俗独具魅力，素有"活着的民俗博物馆"美誉，"五匠"文化历史悠远，"元宵行会"享誉海内外，已入选第四批国家非遗名录。

前童古镇历史悠久。南宋末年，官居迪功郎的始迁祖童潢，在一次游历中偶然发现这块"山环水绕、围而不塞、藏风得水"的"风水宝地"，于是举家从台州的黄岩迁徙到此。

如今的前童拥有"浙江省首批风情小镇""中国历史文化名镇""4A级风景区"等金字招牌。

然而，在20多年前，人们对前童开发旅游的认知并不完全统一，不少人认为：前童就几间老屋，谁会来看？甚至不时冒出拆旧建新的念头。

幸好，有这么一群老人，磨嘴头、奔脚头，牢牢守护住前童的古建筑，守住了前童稀有的古镇形态。

宁海地处山隅海角，前童是宁海最大的自然村，有1万多人，分成了3个行政村。从南宋末年建村开始，前童村已经走过了近800年沧桑历史。靠耕读传家的前童人建起了连片建筑。房前屋后，有当地人叫"水圳"的清流环绕；到了村口，穿过市井，迎面就是一幅打开的风俗画卷。

20多年前，前童镇的居民对古村原始风貌的保护还很淡漠，对"起新屋"跃跃欲试。该镇的一群老人对红漆"拆"字最早说不。

据了解，当时，这群老人希望能一起保护古村落。因为经常出门走动，见多识广，他们发现，外面的旅游经济势头向好，前童有那么多明清古建筑，稍加保护、修缮，就可以变为村民的聚宝盆。

经过他们的奔走呼吁，前童人逐渐认识到灰暗斑驳的老屋、弯弯曲曲的小巷不是"草"，而是长在深闺人未识的"宝"。

值得一提的是，民间力量的努力，终于引来了"士大夫"的关注。宁波市高级工艺美术师杨古城在前童村的墙弄、院落、老街到处转悠，对童氏大宗祠尤其感兴趣，并把一批又一批的专家学者带到前童镇。这一来，注意到古镇保护的人越来越多，保护古建民居的呼声高涨起来。

之后，前童自然村成立"前童文物保护利用办公室"，又成立了一支队伍——村文物保护小组，做了大量的"摸家底"工作。这里有多少古建、有多少古物，一一登记入档，连天井、桥梁、房子、窗户都不放过……集合全部力量，通过一代又一代人的努力，小镇存有各式古建筑1300多间，风貌保留得十分完整。

如今的前童古镇核心区保存着浙东地区规模最大、最完整的古民居建筑群。但新的问题是，镇上有许多百年木构建筑年久失修，或者在城镇化进程中显得格格不入。

2014年，前童古镇秉承着"多"不意味着"好"的理念，结合"三改一拆"，开始做减法。

最先拆除的就是古镇景区入口搭建地块，并在这里建成了职工文化活动中心；古镇核心区内的古建筑，严格按照"修旧如旧"的原则进行修

缮。大祠堂、童衍方艺术馆、上堂屋等一批老建筑、老宅院，在重修后依旧保留了古色古香的韵味。

"修旧如旧"的做法更为村民树立了身边的榜样，村民也相继开展改造带有当地特色的民宿和饭店。

"古镇前期旅游发展遇到的瓶颈问题是就算自驾游客想要在古镇居住、体验生活，却没有与之配套的基础设施。"住建部古镇项目策划人蔡甦如此表示。

而当地人的自发行为较快地填补了当地配套设施的空白。

"前童驿事"民宿是前童镇最早的民宿之一。前童古镇旅游发展有限公司总经理罗沛从一开始就看到了前童旅游产业中餐饮住宿条件的欠缺，渴望通过相关方面的改善"把顾客留下来"。而为了设计出一个能让旅客心甘情愿停留的地方，他始终把"让顾客享受到自然的意趣与厚重的文化"的经营理念放在第一位。

"我们民宿整体就是'修旧如旧'的风格，原木毛巾架，手工竹编吊灯，还有门外的藤蔓绿植物，都不是刻意营造的。"罗沛如此介绍。而民宿房门上古朴的篆字，素朴的木质纹理，和前童这座"小桥流水遍庭户，卵巷古院藏艺文"儒家文化古镇的内核也相当契合。

前童古镇这种"自然""古朴"的风格，深受游客们的喜爱。一位"前童驿事"的顾客就表示，他们走在镇内可以看到大量原住居民在这老房子里日复一日真实生活的画面，可以不被游人的目光打扰，在外人杂沓的脚步声里心安理得地过着自己的日子。"在国内类似的古镇有不少，但前童最吸引他们的，在于它是一个活着的小镇。"罗沛总结道。

如果说流传近千年的古建筑群是前童镇的躯体，那么，积淀着悠长历史文化的民俗，则是前童古镇的灵魂。

前童古镇的玩味，来自对古镇文化的不断提炼。

在建设特色小镇时，前童镇深度发掘木匠、油漆匠、泥瓦匠、竹篾匠、雕刻匠等"五匠"文化，向世人展现独具特色的"匠"文化旅游小镇。

陈龙是前童的一个驻村艺术家，他在前童古镇临街处开的雪汀工作室是他以"一个店带动一条街"经济助推模式的体现。

以工作室为根据地，讲究高效、行动力强的陈龙老师进驻前童两个月，就搞了一个七夕女红文化节，打造、提升了前童"五匠之乡"和"女红文化"的整体品牌。

在女红文化节上，陈龙把老街上的香包都统购了，又和工作室其他成员一同设计了包装、款式、LOGO，以提质提价。他还让穿着汉服和旗袍的女孩子胸前挂着香包，或挎着装满香包的篮子，走上街头情境化销售，香包一下就被游客们抢空。

陈龙曾表示："通过文化介质，让前童古镇富起来、活起来，需要塑造一个工艺美术、乡村艺术的品牌，打造一支专业精干的团队。"

为此，他还把工艺美术协会的能工巧匠都邀请到了前童，还引进了好几家高端雕刻工艺品店，打造了一条文创街，努力把前童的工艺品拉升到中高端市场品位，以提亮、挖掘前童工艺品的文化附加值。如今，这条文创街上有上千人流动，尤其是前童特有的篆作与雕刻作品受到极大追捧，日均成交量非常可观。

如今街区又研磨出新亮点，老粮站变身文化市集写生创意工厂；老市场改建成文化主题区，并配套商业、小吃街、手工艺、土特产精品店等，充分展示当地特色文化和民俗工艺；涵盖文化创意、旅游住宿、民俗展示、非遗体验、地方美食等内容的文化创意街区……这些古镇新亮点，也恰恰填满了老街拆改出来的空间。

除了在空间发挥创意，前童还在时间上做起文章。520集体婚礼、国庆假期舞狮舞龙表演，还有不同时节的古装游古镇、花轿体验等活动，让不同时间点来前童的游客有不同体验。

不过其中最为闻名的还是每年于"五一"和"十一"黄金周举办的豆腐文化节。

"前童豆腐"可谓是最有名的前童美食。在前童好义堂餐厅、先宝豆

腐店等店门前，游客络绎不绝，店里刚做好的鸡汁油包、抓炒豆腐、腐皮黄鱼、沸腾豆腐等菜品，一出锅就会被一抢而空。"前童三宝中的豆腐蘸酱油，最地道、最原味，这么多种类的豆腐美食，根本吃不腻。"来自鄞州的游客周胜贤表示。

因此，前童豆腐成为挖掘和弘扬前童文化的最好载体。前童镇党委书记张畅芳说，曾经前童镇几乎家家都会制作豆腐，但它的总产值不足千万元，老百姓收效甚微，他们想通过丰富豆腐的文化内涵来增加豆腐的附加值，让更多老百姓的腰包鼓起来，让更多游客看到豆腐就能想到前童。

  为此，前童豆腐文化节特设了前童豆腐传统工艺制作体验、豆娘烹饪表演赛、前童豆腐美食周、前童豆腐系列产品展销会等各色活动，期望以节为媒，提升前童的豆腐品牌美誉度，使游客在更丰富的旅游体验中感知前童古镇的独特风情。

  除了美食，节日期间喧天的锣鼓声和密布的彩旗，浩浩荡荡的"十里红妆"巡游队伍穿梭在古镇的小巷中，展示着"原生态"地域风情，吸引着众多游客前来围观。"'十里红妆'巡游展现了当年中式婚礼的喜庆和盛况，让游客在游玩中体验古老的江南婚嫁民俗。"

  前童古镇旅游发展有限公司副总经理郑莲亚表示，"良田千亩，十里红妆"的盛景和文化韵味，越来越受到年轻人的追捧，"他们喜欢中式婚礼的热闹、规模宏大，特别有浓厚的喜庆氛围，相比起来西式婚礼太简单了。"

  随着宁海十里红妆婚俗入围第二批国家级非物质文化遗产名录，前童镇也正在下大力气,力争把古镇景区打造成富有特色的一流婚庆基地。

下一步,前童将以鼓亭文化为载体,继续深入挖掘节庆文化,进一步丰富前童元宵行会文化内涵和民俗演绎内容,实施鼓亭巡演常态化,营造喜庆祥和的旅游氛围,凸显地方的文化特征与底蕴;积极培育前童豆腐节,促使前童豆腐宴美食活动常态化,进一步打响以前童三宝、玉米糕等为代表的商品品牌,让游客在品尝美食的同时,感受千年古镇的文化传承。

泰顺泗溪镇：如何打好文化兴镇这局"桥"牌

钟 新

泗溪镇地处浙江省温州市泰顺县东南部，域内溪流众多，四条溪流在此交汇合流，"泗水洄澜"，古镇因此得名。泗溪水多，导致自古以来这里桥也多，泗溪有5座"国保级"（全国重点文物保护单位）廊桥，占全国"国保级"廊桥总数的七分之一，是最美廊桥所在地和世界文化遗产申报点。泗溪文物古迹保存完善，类型多样，有不可移动文物总计123处。依托丰富的自然人文资源，泗溪镇荣获"国家级生态镇""浙江省历史文化名镇""浙江省旅游强镇""浙江省森林城镇""浙江省旅游风情小镇""浙江省4A级景区镇""浙江省园林城镇"等荣誉，廊桥文化园是泰顺县首家国家级4A级景区，2018年获评浙江省放心景区。

"廊桥如虹贯南北，泗水洄澜走碇步"，温州市泰顺县有着"廊桥之乡"的美誉，而泰顺县中的泗溪镇坐拥5座"国保级"廊桥，占了泰顺"国保级"廊桥总数的三分之一、全国"国保级"廊桥总数的七分之一，被誉为"世界最美廊桥"的泗溪"姐妹桥"——北涧桥、溪东桥也被泗溪包揽，泗溪有着得天独厚的廊桥资源。

泗溪廊桥在碧水上横跨两岸百余年，但她的魅力不仅在于外形之美，岁月之长，更在于其工艺之巧。这些木拱廊桥是名副其实的"三无建筑"，整座桥没有一颗钉子，一枚铆，一个桥墩，完全依靠榫卯技艺——木头与木头之间的拼接组合而成，却历经百年不倒，抵御了无数次山洪水患，足可见古代劳动人民的伟大智慧。

廊桥是泗溪人民的骄傲，居民林永祥说："这些古桥都是老祖宗给后人留下的宝贝，现在也成了我们开发旅游业的'金母鸡'。"

的确，泗溪镇依托其域内以廊桥为主的自然人文资源，精心制订小镇旅游业开发发展规划，着力打造宜居宜业宜游的旅游风情小镇，旅游接待人次年均增长25%以上，2018年突破130万人次，2021上半年达到90.5万人次。

不少游客在游记、点评上说，没到泗溪前是被"最美廊桥"吸引，来到泗溪后发现，这里景致美、溪水清、环境好、好玩的多，下次再来肯定不单单是为了廊桥了。

这样的评价正是对泗溪镇旅游开发最高的褒奖，泗溪真正打好、打活了这场"桥"牌。各地来看古桥的游客被泗溪各个方面吸引，愿意留下来，享受游玩、体验、度假、康养等服务，泗溪也顺势实现了从一个旅游景点小镇向宜居、康养旅游小镇的转型。

第一张牌：打造景区，保护廊桥

在居民林永祥的记忆里，泗溪镇发生巨变是在2008年，镇上来自上海、宁波、苏州的客人突然多起来，政府也要求景区周边的村民把自家前后场地整理、装修，还派专人监督。随后几年，镇上民宿、土特产店纷纷涌现，村民的钱包逐渐鼓起来。

2008年，泰顺县政府打出了第一张牌，以著名的泗溪"姐妹桥"为主体，启动廊桥文化园建设。

在过去，被廊桥吸引的游客不得不奔波在泰顺各地，旅行路线因人

而异，路程非常艰辛，因为廊桥单体散落在泰顺的青山绿水间。

2008年后，泰顺为各个廊桥景点之间修建游步道、停车场，修造了方便游客休息的游客服务中心，介绍廊桥历史的廊桥文化展示馆，同时为了增加景区景致，拓宽了溪流，修缮了桥头的桥屋，修砌了石碇步……

青山、碧水、古树、廊桥、桥屋，美丽的山乡风景吸引着越来越多的游客，廊桥文化园成为泰顺当地的"王牌景区"，2014年被评为全国4A级景区，2017年游客数量首次突破百万人次大关，2018年旅游接待人数又超130万人次。2021年，泗溪旅游人数呈井喷式增长，短短春节期间，游客人数就达到近30万人次，上半年累计接待游客总数90.5万人次。

在旅游发展如火如荼时，泰顺县的泗溪镇人大主席梅荷锋却忘不了2016年的"当头一棒"，这一年中秋节期间，泰顺受台风"莫兰蒂"影响，遭遇百年不遇特大暴雨，薛宅桥、文兴桥、文重桥三座"国宝"级廊桥接连被洪水冲垮。

暴雨过后，原本古桥所在的位置空空荡荡，被吹散的木构件在溪水上漂浮。泰顺全县干部群众开展了一场"全民救桥"行动，搜寻、收集被洪水冲走的廊桥木构件，最后3座廊桥95%以上大中构件被成功找回。之后一年，在国家、省市文物专家多方努力下，三座国保廊桥修复如初，廊桥之美得以延续。

洪水退却，古桥如初，但是文物保护却刻不容缓。

2016年以后，"省保以上文物采取智慧安防实时监测，工作组兵分两路对廊桥实施巡查加固。"泰顺县文化局工作人员陈松年介绍说。

由泗溪镇的13名党员组成的红色护桥队组，每日一查。如遇台风等极端天气时，廊桥监测员24小时不间断巡查，并实时发布预警，红色护桥队每日三查，同时镇里义务消防队备齐沙袋、锹镐等工具，严阵以待。

2021年台风"烟花"来袭前，泗溪镇做好了充分准备：堆沙袋、压重物、拉钢丝绳……狂风暴雨下，廊桥岿然不动，静静矗立。

第二张牌：疗养游乐，创新业态

在与大自然的搏斗中，泗溪保住了古桥，取得了优势。泰顺县也转守为攻，很快发出了第二张牌，计划投资8亿元，打造廊氡国家级旅游度假区。

目前，在泗溪镇已经建成廊桥文化园主入口、花园游步道、生态景观大道、松涛绿道、浪漫花田、九曲溪景区等景点，游客可以在这里疗养休息，也可以旅游玩乐，满足多种需求。

走进廊氡旅游度假区主入口，游客可以在成片的粉黛花海里拍张美照，在粉红色的迷雾里放松自我；走在橘红色的松涛绿道上，游客可以欣赏两边的南溪流水和瓜果田园，边健身边赏田园风光；来到云岚牧场，游客们可以去滑草、亲近奶牛、DIY牛奶糖，也可以任性地追逐打闹，悠闲地散步；要是累了，游客可以入住温泉度假村或者温泉民宿，在热腾腾的温泉池里放松身心，感受假期的美好……

泗溪镇人大主席梅荷锋介绍："廊氡国家级旅游度假区建成后，游客除了现有的廊桥旅游体验外，还可以逛得更久，玩得更尽兴。"廊桥不再是泗溪镇唯一的特色，一些新的业态在泗溪镇上悄然生发。

泗溪镇廊桥桥头上开了一家"廊桥茶馆"，茶馆的主人陈双宝是一个年纪轻轻的90后。2015年，他将叔叔家的桥头百年老屋修整一番，开了这家茶馆。"小时候就爱到桥边坐坐，所以现在开了个歇脚喝茶的地儿。"陈双宝介绍开店的初心时说。

400余年的廊桥、100岁的老屋以及90后茶馆主人，旧与新，在这方小小的空间和谐共存。来自各地的游人踏入这家茶馆，点上一壶地道的"廊桥红"，静静品茗，欣赏窗外掩映在新绿里的北涧桥，不经意间，也成了别人眼中的一道风景。

夜晚的廊桥边，以碇步、绿道为舞台，以溪水、鸟鸣为背景音乐，以

山水、草木为道具，伴着《采茶舞曲》明快的节奏，《我在廊桥等你》实景剧像一幅绵绵江南的山水画卷，被一寸一寸徐徐展开。

2020年，廊桥文化园景区共举办了4场《我在廊桥等你》实景剧演出，吸引了众多游客前往观赏，受到了观众的一致好评和热烈期待。该剧融入了"绿茶、廊桥、木偶、畲族、生态、百家宴"等泰顺地方特有的元素，通过《香·遇》《乡·恋》《祥·合》三个部分，讲述了一则廊桥边的浪漫爱情故事。2021年4月，泰顺县人民政府与浙江演艺集团签署战略合作协议，双方将以千百年的廊桥工艺为根，以廊桥精神为魂，依托泰顺的一方山水，通过文旅融合，精致舞美，联合打造泰顺特有的《我在廊桥等你》充满画卷感、回味感、幸福感、地域风情的大型山水实景剧。

随着旅游业的发展，泗溪镇当地居民的收入来源也发生了变化。居民林永祥回忆起过去的泗溪镇，当时小镇居民都是靠种田谋生，靠天吃饭，而现在光是在其所在的下桥村里，就有11家民宿，5家农家乐，还有十余家土特产店，多是当地人开的，"我也把我家的房子租出去，让别人做生意。"旅游业帮助泗溪镇居民提高了收入。

日渐丰富的旅游新业态，不仅为当地人带了红利，同时也吸引更多乡贤和外乡人来泗溪创业。在南京经商多年的泰顺商人王永刚投入650万元，将宋朝时林氏十八学士的"下花园古民居"改造成高端民宿"月笼溪沙"；在省级工艺美术大师陈学农的牵线之下，17家石雕大师工作室落户泗溪廊桥畔，并将继续打造石文化体验馆；原本在杭州打拼的陈海江也回到家乡，开办了"老景房农家乐"，生意红火，已再次扩大经营规模。

为了让旅游业进一步惠及泗溪镇人民，泗溪镇政府出台了《泗溪镇盘活闲置农房工作实施方案》，计划将对农村进行综合性改革，盘活闲置农房，将这些"沉睡"房屋"唤醒"，发展农事体验、健康养生、休闲农业等适合当地的产业，让这些"老破房"变成当代泗溪人的"黄金屋"。

第三张牌：非遗传承，文化体验

业态创新发展，让泗溪游人如织，新事物如雨后春笋般涌现，居民钱包鼓起来了。但泗溪人手上还有一张王牌——非物质文化遗产。

泰顺多山，过往交通不便，对外交流不畅，但这种闭塞的环境却使得不少非物质文化遗产完好地保留下来。

目前，泰顺县已成功申报联合国教科文组织人类急需保护的非物质文化遗产代表作1项，国家级非物质文化遗产保护项目6项，省级非物质文化遗产保护项目15项，温州市级非物质文化遗产保护项目102项，县级非物质文化遗产保护项目172项。

泗溪人深知，非物质文化遗产是旅游开发的富矿，当地要打好"非遗"这张王牌，而非物质文化遗产项目泰顺木偶戏的保护与开发，正是这张王牌的典型代表。

泰顺木偶戏始于南宋，历史悠久。表演者通过操控手里的7条丝线，牵引木偶来完成各项表演动作，除手上的操作外，表演者还需兼具吹、拉、弹、唱各种技艺，给戏剧表演配音润色，对表演者的要求非常高。

每逢双休日，廊桥文化园内的木偶戏周末剧场格外热闹，"锵锵锵……咚！"伴随着锣鼓声，木偶戏台上的钟馗一摇一摆地走到中央，袖子一甩开始喝酒，从开始的小杯满酌到后来的酩酊大醉，操控着木偶的包日拼用几条丝线将醉酒的钟馗表现得栩栩如生，精湛的演技获得了在场观众的热烈掌声。

开办木偶戏周末剧场是泗溪镇开展非遗项目传承和保护工作的重要一步。2015年，泗溪镇在这个剧场开展提线木偶免费演出活动，截至目前，已经累计演出1000多场次，成为游客来泗溪游玩不可错过的节目。

现在这样受欢迎的木偶戏曾在过去的一段时间中经历过传承断层的危机。木偶戏的非遗传承人包日拼提到那段时光,神情难掩失落,说:"艺术和其他项目不一样,它的投入在很长一段时间是看不出'价值'的。"当时多位木偶戏剧团的同事为了改善家庭生活,外出打拼,导致戏剧团解散。

但好在始终有那么一群人愿意坚守这些看不到经济价值的东西,将这些传承下来的文化一代代继续传递下去,今天我们才能在泗溪看到精彩纷呈的木偶戏。包日拼说:"我从黄泰生先生手里接过来,我的责任就

是在这代人中做好保护。"

2017年,为了促进木偶戏文化和技术的传承和发展,包日拼等7位泰顺木偶戏艺术家回到泗溪镇石门村,成立了泰顺县石门木偶戏传习所和泰顺县顺祥马灯戏团。

同年,泗溪镇党委、政府为进一步保护传统文化创造有利条件,将原闲置的教学楼进行重新修缮,设置小剧场、排练厅、办公室、道具房等功能场所,供两个戏剧团使用。

当地政府还出台《泰顺县非物质文化遗产代表性传承人单位申报评定和保护办法(试行)》,并在全省率先发放传承人政府津贴,建立了民间老艺人档案和传承人传习制度,木偶戏传承人队伍不断壮大。

2018年,泰顺县又率全市之先创建并公布了10处非遗体验基地。其中,廊桥文化园木偶戏体验基地在当年成功创建成为温州市首批非遗体验基地。

除了木偶戏外,石门马灯、廊桥营造技艺等非遗项目历经几代匠人不断传承、保护,在政府的大力支持下,也都重新焕发了"生命"。

当地政府还举办了一系列民俗文化节庆活动、非遗宣传展示活动、送戏下乡演出活动等,不断健全非遗保护传承机制,促进地域文化遗产的保护传承与发展。

今天,这些非物质文化遗产逐渐成为泗溪镇发展的文化"金名片",给泗溪镇这座由山、水、桥构成的"美丽廊桥风情小镇",增添了一抹文化灵韵。

嘉兴

JIA XING

桐乡乌镇：以"城市IP"为抓手，打造国际性休闲旅游目的地

钟 新

乌镇地处桐乡市北端，京杭大运河西侧，西临湖州市，北界江苏吴江市，为两省三市交界之处。作为首批"中国历史文化名镇""中国十大魅力名镇""全国环境优美乡镇""国家5A级景区"，乌镇素有"中国最后的枕水人家"之誉。

在20多年前，乌镇还只是一个不为人知的颓败小镇。从尚未开发的衰败古镇，到21世纪初成为享誉国内外的风情旅游古镇，并被联合国专家考察小组誉为"乌镇模式"。乌镇用几年的时间创造了中国旅游的奇迹。

如今的乌镇，因每年的世界互联网大会、戏剧节、艺术展等极具代表性的城市IP活动，成为一座生动诉说着当代中国故事的文化古镇。

谁又能想得到，乌镇最初的改变，事出偶然。

1999年春节，一场大火把西栅沿河的13间房子烧毁。乌镇，也在那个时候"浴火重生"。时任桐乡市政府办公室主任的陈向宏担任政府安置工作小组的组长进行安置善后工作。事后，他就留在了那里，开始保护开发乌镇。

那时的乌镇，保护基本没有，目之所及，就是一片新房子、一片老房子、一片破房子。唯一谈得上保护的只有茅盾故居，旅游业态几乎一片空白，基本上是"零游客、零知名度、零资本"。而周庄的旅游已经开发11年，西塘旅游开发也有5年了，它们都名声在外。

如何超越，这成为摆在陈向宏面前的一个问题。为此，陈向宏特意花了差不多6个月时间，把中国所有已经开发的古镇都走了一遍。走访之后，他发现这些古镇都存在一个问题：风貌没有高度统一，都是只有一条街或一块地方像古镇。也就是说，古镇上既有新房子，也有旧房子，还有破的老房子。

于是，他决定从总体风貌入手对乌镇进行改造，拆除所有不协调的建筑，营造水乡浓浓的原汁原味的风情。

乌镇的开发保护，开始以观光旅游为主，最先从东栅老街的修复开始。对此，陈向宏表示，因为茅盾故居在那儿，且占地比较小，风貌却被破坏得厉害，比较适合作为试点进行开发，以便于积累经验。

改造原有街区，搬迁是绕不过去的话题，也是矛盾的焦点。在东栅破土动工前,陈向宏考察了周庄、同里等,认为应该在这些古镇模式的基础上做减法,他拿出百年前乌镇的风貌做对照,什么不对味就拆什么。因此,他拆掉了景区范围里所有的新房子,甚至是百货大楼,外迁工厂。

据了解,当时仅搬迁一项就把政府发放的备用金全部发完了。而且,大家对于这种大规模的整改都不是很同意,有些反应还很激烈。比如,镇上的老人们不理解,就站在石桥上骂他。

对此,陈向宏说:"你们先骂吧。我就是要做减法,这样才能凸显出老房子。"

为了使小镇的风貌感更加强烈,陈向宏在修复古建筑时,坚持用旧料恢复故居的模样,修旧如旧。同时,还重新调整了小镇的水系,将原先填埋的河道重新疏通开来,让水乡里的水真正地流动起来。此外,为避免小镇的天际线被杂乱的电线分割得支离破碎,乌镇一律采用管线地埋,把高压线、低压线、有线电视线、电话线通通埋到了地下。

回忆起改造初期的工作,乌镇旅游股份有限公司总裁助理庄颐表示,当时工作环境非常艰苦,改造的街区内只有一条简易道路。因为要将管线埋到地下,路面都是挖开的,到处坑坑洼洼,只能用木板铺一下,以便通行。"夜里值班巡视时,最前面的摩托车骑过,后面跟着的几个人就一头白发,全是灰尘。"

待到整条东栅老街修复完成后,陈向宏发现了一件尴尬的事情:除了房子,乌镇好像没有什么东西了,那游客来了看什么呢?

所以,陈向宏开始想到要往房子里"填充"内容,什么样的内容呢?一个是传统文化,一个是名人文化。

据悉,乌镇作为中华人民共和国第一任文化部部长茅盾的故乡,茅盾曾在散文《香市》中将乌镇的香市称为"江南水乡的狂欢节"。基于此,陈向宏把乌镇传统的香市恢复起来,同时糅合进很多民俗文化。

例如,请当地皮影戏、花鼓戏等手艺人以及当地的酒作坊、布作坊等在景区内展示手艺,这既可以成为一个参观点,也可以成为乌镇传统文化的展示窗口。

古镇怎么保护?文化怎么保护?正是这些看似市场化的手段,在不经意间让传统的民俗文化活了起来,让各种失传的非物质文化遗产的记忆开始复苏。

2001年，东栅老街项目完成建设。当时谁都不看好东栅老街的开发。但是，没有想到的是，东栅旅游推出的第一年，游客就突破了100万人次，当地居民的经济收入和生活质量也明显提升。如今谈起景区的开发建设，大家纷纷称赞支持。

东栅老街项目的成功开发，不仅让当地居民的幸福感明显提升，也为西栅老街项目的开发注入更多的底气。

然而，是继续重复东栅老街的成功，还是走另一条全新的路？

基于西栅风貌最好、最大，但离交通中心有段距离，破坏程度超过东栅，且产权复杂等因素，陈向宏决定不再走老路。

其实，在做东栅的时候，陈向宏就已拟订了"东栅观光、西栅度假"的开发思路。在陈向宏看来，古镇的发展不能光靠门票收入，最好的配比应该是门票收入、住宿收入和综合性营收各占三分之一。因此，西栅老街的保护开发特别注重与周边的互动，注重老街的背后。目前，西栅两条街背后，依然住着当地人。

如果说东栅是有资源的差异性，那么，西栅就是有产品的差异性。东栅是白天游，西栅是晚上游、是度假游、是住下来的旅游。

陈向宏凭借自己深耕旅游行业多年的经验判断，"乌镇的西栅建设要发展夜间游，和东栅白天观光旅游的性质不同，西栅要能够让游客愿意晚上过来玩并且住下"。

又基于对游客的了解，深知他们来古镇旅游的需求是既能保有现代化的生活习惯，又可体验到一种完全不同的生活环境和方式。因此，西栅的开发更有挑战性。

首先就是搬迁。"作为度假中心，需要给游客很好的体验，安静、休闲、舒适，而不是闹哄哄，不搬迁根本做不到。"陈向宏说，"为此，我们在西栅周边先建了安置房，如银杏小区，又建廉价房，如长城公寓，再建廉租房，尽量做到让当地老百姓满意。"

不同于东栅老街只整修了建筑沿街的一面，西栅老街所有建筑的内部结构都进行了调整，比如说装修了卫生间，把原来很窄的楼梯变成宜

居的楼梯。

为了和"夜间游"相配套,陈向宏逐步地推动着西栅景区的完善。将空出来的房子都改造成了适合居住的民宿,房间内配有宽带网络、空调暖气、卫星电视等现代化设施。

为了给游客"住下来"有更好的体验感,景区内的住宿一律不对外合作,统统由乌镇旅游股份有限公司经营。

"我们的民宿和景区内的酒店,都是统一装修,自己设计。"陈向宏还对景区内的民宿房东提出了"冬天要送一杯热饮,夏天要给进来的人端一份冰饮或绿豆汤"的要求。

由于整个景区改造是由表及里的,不仅是看得到的外在,如液化气站、直饮水、无线网络等,还有大量看不到的基础设施,如直饮水管道、消防管道、雨水管道的排置。这一系列现代化配套设置的建设,也直接导致了西栅项目面临资金压力。

"2005年,我们遇到了很大的资金困难,也因此开始寻找合作伙伴。"庄颖如是说,基于对合作伙伴各方面的考虑和筛选,并经过多番沟通,最终在西栅项目建设完成后,与中青旅合作分成,以减轻资金压力。

值得一提的是,西栅开放后,第一年税后收入3000万,第三年9000万,世博会那一年翻了几倍,至今仍以每年30%的速度在增长。

从东栅景区到西栅景区,乌镇旅游实现了从传统的观光旅游到集观光、度假、商务于一体的综合型古镇度假旅游区的成功转型。

在中国景区越来越同质化的前提下,如何能做到"一样的古镇,不一样的乌镇"?

在陈向宏看来,度假中心不能光看小桥流水,还要有文化导入。文化,是放大景区IP的最好手段。

于是,乌镇开始了向文化小镇转型。戏剧节,成为乌镇打造的最核心的文化产品。

那时,他已经默默地为木心老先生改造好了故居,接他在故乡度过最后的时光。他也已经与黄磊把酒言欢,成了"大哥小弟"。

陈向宏跑了世界上无数小城小镇,最吸引他的是日本利贺的"山沟里的一座小城镇,那里有戏剧节,有国际学校,学校还是哈佛捐建的"。

他想:景区刚建时的乌镇,好一点的初中生都要跑去市里上学。为什么我们的孩子不能在这里看到世界顶尖的戏剧、美术展和最好的艺术品?

驱动有了,但寻找契合的过程很长。其间有过其他的尝试,比如做茅盾文学奖的颁奖礼,但始终没有找到引爆点。直到黄磊醉酒后那句就办个国际戏剧节的疯话,一群搞戏剧的疯子和一个寻找古镇旅游出路的古怪商人胜利会师了。

他到法国去考察了阿维尼翁戏剧节。在那里,遇到了一对60岁的老夫妻。他们说,他们每年都会去,但不一定是去看戏。因为两人是在戏剧节认识的,每一年,他们都会在戏剧节重温这段回忆。

这对陈向宏启示很大:戏剧是什么?跟旅游一样,都是生活。到今天为止,乌镇戏剧节办了七届。正如知名导演孟京辉所说"谦虚谦虚,全国

第一；一般一般，世界第三"。每年，乌镇戏剧节"一般般"就可以做到中国第一，成为除了法国阿维尼翁、英国爱丁堡戏剧节之外的世界第三大戏剧节。

戏剧节让乌镇变得气质不一样。很多外国人是通过乌镇戏剧节才知道了乌镇。这种效益是文化的效益。乌镇至今为止，每年的游客增长率依然保持着两位数的百分比，靠的是什么？就是戏剧节源源不断的文化动力。

戏剧节的成功带来的不仅是潜移默化的本地文化的提升，还有实打实的消费人群的转化。她吸引的是80后、90后的目光，且都不是一次性的消费人群。他们住了下来，在剧院看剧，在酒吧聊剧，在长街畅饮，在枕水的河边醉在乌镇的倒影里。

不到2000米长的乌镇西栅大街，三五步之外就是一场露天嘉年华演出，戏曲、现代舞、木偶戏、魔术、杂耍……如今，除了乌镇戏剧节，乌镇还有乌镇国际当代艺术展、乌镇国际建筑展等。

"从2013年办起国际戏剧节后，乌镇就有了不一样的气质。"对此，陈向宏形象地打了一个比方，乌镇是"旧瓶装新酒"，而很多古镇是外面修个门面，新瓶装旧酒。小桥流水大家都一样，区别只能是文化，文化特征才是一个古镇最大的个性。

不满足于已有的成绩，不止步于现实的光环，在国内早已名声大噪的乌镇，因时而动，乘势而上，持续酝酿着转型升级的步伐。

2014年，首届世界互联网大会的召开，也是乌镇发展历程中的重要一环，它使乌镇获得了人们空前的关注，国际知名度迅速提高，海外游客量骤增。乌镇不再仅仅以"文化小镇"而闻名，更是搭上了"互联网"这辆飞速行驶的列车。

"承办世界互联网大会，这个机遇不是凭空降临的，而是乌镇经过长期积累所迎来的一个水到渠成的结果。"庄颋介绍说，乌镇在最初的规划理念上就有着不少创新，如在众多会议厅、酒店、餐馆之外，同时还做到了WIFI全覆盖、全部网线地埋、建设同声传译室等。

这些举措对于一个景区来说似乎显得有些超前,但对于一场世界级的盛会来说,无疑都是必要的。这也使得有中国特色、有一定知名度、有能力承办、厚积薄发的乌镇与世界互联网大会的选址方向不谋而合。

值得一提的是,承接世界互联网大会,也让乌镇找到了会展经济的新增长点。会展经济成为乌镇的"主业"之一,承接国家级、国际级高峰论坛,展示最前沿的高新技术,让乌镇成为国家、国际和互联网行业内最有影响力的展示区。

未来,在古镇旅游的强大后盾下,乌镇将继续以景区为核心,持之以恒推进全域旅游,推进乌镇香市、乌镇国际戏剧节等古老与现代交相辉映的文化互动;与此同时,借助世界互联网大会的红利,积极发展智慧旅游,布局更多的新兴业态,推进文化产业融合发展,打造富有文化底蕴的世界级旅游目的地。

西塘古镇：以原生态开发保护模式打造主客共享

钟 新

西塘古镇位于江浙沪三省市交界处，属于浙江省嘉兴市嘉善县。古镇历史悠久，是古代吴越文化的发祥地之一、江南六大古镇之一，曾先后获得首批"中国历史文化名镇""世界遗产保护杰出成就奖""中国十大魅力名镇""浙江省旅游经济强镇"等称号。

春秋的水、唐宋的镇、明清的建筑、现代的人"。位于江浙沪三地交界处的嘉善县西塘镇，以如诗如画的水乡古镇闻名遐迩。

这是老一辈人眼里的西塘。近年来，西塘以千年古镇复兴提升工程为主线，深度融合西塘历史文化、人文底蕴、古镇旅游，以创新驱动，打造活力"产业美"。这是现代的西塘，也是未来的西塘。

在江南众多的古镇和水乡中，西塘何以脱颖而出？旅游开发如何改变当地居民的生活？西塘未来的产业如何发展？

一切的一切，要从如何保护西塘这个千年古镇说起。

中国传统村落保护与发展研究中心主任冯骥才曾对西塘给过非常高的评价："西塘，国内古村落保护的一个成功的典范。"

古村落保护公认有"四难"：一是整体保护难，二是严格按照原结构、原材料、原工艺、原形制的修缮难，三是与古村落共生共存的环境保护难，四是留住原住村民难。

作为"成功的典范"，西塘一直坚守原则，把保护放在首位，"修旧如初、以存其真"。

时间追溯至1986年，西塘邀请浙江大学编制了《西塘镇城镇建设总体规划》，开始提出"保护古镇、开发新城"的思路。

"大约到1995年10月间，上海的几个古建筑保护专家学者为筹划出版一部大型画册《江南古镇》，到西塘古镇考察、拍摄，其中就有著名的古建筑保护专家、同济大学教授阮仪三，上海出版社摄影家金宝源等。"曾任西塘镇党委书记的杨善岗回忆当年，"阮仪三教授还给我们介绍了山西平遥古城、安徽黟县古村落等地的保护开发经验，给了我们不少启发。"

1996年，西塘镇人民政府邀请阮仪三主持，围绕全面保护古镇的风貌特色，从城镇性质、职能、布局等方面对城镇建设总体规划进行了全面修编。

此后，镇里建立了西塘古镇保护和开发领导小组，抽调人员组建了办公室，开展古镇旅游资源调查。注册成立了西塘文化旅游发展有限公司，公开招聘导游。确定"点线面"的景点建设方案，列出基础设施、景点建设等几十项重点工程，实施景区建设大会战。

1997年，西塘古镇景区正式开园营业，标志着西塘旅游翻开序章，但保护仍在继续。据悉，1997年以来，西塘已投资5.6亿元人民币，用于古镇景区建设、立面整治、管线地埋、拆除不和谐建筑、河道清淤等。先后完成西街、朝南埭、小桐圩街、北栅街等18条街道的"三线三管"地埋工程；西街、里仁街、塔湾街等14条街道的立面改造工程；修缮恢复了西园、薛宅、倪宅、根雕馆、千米古廊棚等；选择具古建筑修缮专长的施工队伍，采用原结构、原材料、原工艺等，使古镇切实保护传统建筑的原真性、完整性……古街风貌和居民生活条件得到了明显改观。

到了2000年2月，西塘被浙江省人民政府核准并公布为省级历史文化保护区。随后，一部《西塘省级历史文化保护区保护规划》浮出水面。这一揽子保护规划的编制和实施，对西塘古镇的全面保护起到了重要的

保障作用。

现如今,西塘古镇保护的控制区域为3.03平方千米,并且有县级以上非物质文化遗产14项,文物保护单位(点)23处,至今还保存着25万平方米明清建筑群,同时还原汁原味地保留着上千年的人文习俗和传统生活方式。

西塘古镇还荣膺国家5A级旅游景区,截至2020年年底,累计共接待海内外游客8836.80万人次,西塘俨然从一个嗷嗷待哺的"婴儿"长成了风华正茂的"翩翩少年"。

如今,作为西塘古镇第一部保护规划的主持者阮仪三已87岁高龄,满头银发,他一路见证了西塘的蜕变之路。

阮仪三曾提出,保护古镇不能仅仅只是留存表面的现象,而是要让传统村落可以继续"健康"地一代代延续。"在我看来,保护传统村落就要把当地的文化遗产和当地人的生活联系在一起,要保护的是千百年来当地人与环境和谐相处的状态,对于江南水乡而言,就是要保护'小桥流水人家'的生活。"

小桥流水人家,西塘一个都没少。

据悉,西塘原住民有6000多人,2600多户。2018年年底,统计发现,在古镇实际居住的居民约4700人。

钱塘人家饭店的老板丁国强从小在西塘长大。他回忆,20世纪末,古镇搞旅游开发,大家都很开心,巴不得早点搬出去。

但1999年,丁国强工作的供销社改革。为了生计,下岗后的他决定在自家老房子里开饭馆,因为不用交多少房租,成本相对低廉。

在观望的那几周,他发现,很多游客来西塘就是为了欣赏当地的明清建筑,品尝特色的家常菜,所以,从一开始,他就没打算卖彼时流行的生猛海鲜。

开张的第一天,第一拨客人进店点菜,丁国强拿的还是手写菜单,上面列了包括"炒螺蛳"在内的十几个菜色,客人直接说:"每样菜都来一个!"

从第一单开了个好头、第一天就跑了4趟菜场采购食材,到今天不到100米的距离开着两家分店,丁国强思考过,为什么如此顺利。"明清建筑是爷爷的爷爷留下来的祖产,很有历史。而且,我们正赶上了国民生活水平提高、全民旅游的大好时代。"

20余年过去了,丁国强一如既往地喜欢坐在自家店里,和海内外客人攀谈。店门前的小街,明明是北栅街的一段,又没有长廊,为什么反而取名箬帽街?一说是,因为从前有专门做箬帽的手工艺人集中住在这段。另一说是,因为没有长廊挡风避雨,经过这段的人在下雨天都要戴上箬帽,久而久之,此处遂被称为箬帽街。——这是他会和客人聊到的故事之一。

他常说,如果西塘人自己都不在这儿了,那西塘古镇的味道就没有了。"作为西塘人,我要把祖辈留下的传家宝守好。"

如何守护好祖辈的"传家宝",西塘镇镇长马红屏也在思考。

他说,西塘经常会和乌镇一起作对比。乌镇是原居民搬出来,员工搬进去，它是市场化、公司化运作的。但西塘是生活着的古镇。

"2016年，我时任西塘镇古镇保护与旅游开发管理委员会主任，嘉兴市旅委的领导曾问我，是不是很羡慕乌镇的管理者。我说，如果作为管理者，我喜欢乌镇，因为纯公司化模式有序开发、发展空间大；作为游客，我喜欢西塘，因为越来越多的游客喜欢西塘这种主客共享式的旅游模式。"马红屏说。

何为主客共享？马红屏举了个例子：有个朋友每年都会悄悄来几次西塘。有一次来没订到房间，后来在一家饭店吃完饭，老板娘收留他在自家阁楼上住了一晚。第二天离开时，这位朋友给马红屏打电话。正当马红屏因为不知道朋友的到访而内疚时，这位朋友却说很喜欢这种无意中的待遇。

他说，为什么别人说在西塘可以来一次"邂逅"，可能就是因为这些无意中的"产品"都不是景区设计好的，所以来西塘是可以有惊喜的。

正如马红屏所言，在全国5A级景区中，西塘是唯一有数千名原住民生活在里面的景区。周一到周三每天下午5点钟到第二天早上8点钟，景区都是打开的，还景区于民，还镇区于民。

还镇于民，简单四个字的背后，除了民众的力量，还有政府在引凤筑巢上花的心血。

马红屏说，西塘自1996年开始发展旅游以来，当地政府就做了很多工作。如依托江南古镇水乡文化优势，运用新技术、新模式、新业态盘活旅游资源。

2013年，西塘古镇景区联合方文山发起西塘汉服文化周，以中华传统服饰文化、礼仪文化的弘扬及传承为根本目的，每年10月底至11月初在西塘古镇举行。

到了2020年，第八届西塘汉服文化周期间景区累计接待游客18.7万人次，超8.6万人次身着汉服参与活动。"西塘汉服文化周""西塘汉服文化节"两个话题在抖音的总播放量超过11.2亿次，"西塘汉服文化周"

的相关话题在微博的阅读量累计达到2.6亿次，超过15.7万人次参与话题讨论。

与此同时，西塘以文创开发拓展汉服品牌产业，打造"西塘游礼"文创品牌，开发"春秋水、唐宋茶、明清酒、现代玩意儿"；联合国内汉服商家创立有西塘特色、西塘元素的汉服品牌"梦西塘"，探索集设计、生产、线上线下为一体的汉服产业基地，进一步延伸汉服产业链。

除了汉服文化，2018年，宋城演艺发展股份有限公司开始在西塘建设西塘宋城演艺谷项目，总投资100亿元。

项目融入了西塘"吴越文化、江南建筑文化、水乡商贸文化、水乡习俗文化"等人文历史和文化特色，打造以《俏江南》《胥塘春秋》《吴越争霸》《千年古镇》《梦回西塘》《爱在西塘》六个篇章为主要内容的大型歌舞《西塘千古情》，推动古镇旅游与文化演艺的互融互补。

2019年，西塘成为长三角生态绿色一体化发展示范区先行启动区的五镇之一，与上海乡伴文旅集团合作，探索创新西塘乡村发展模式——

打造覆盖西塘镇全境82.92平方千米，将西塘的古镇、田园、文化、产业、水脉有机串联的梦里水乡·乡伴西塘风景线。

梦里水乡·乡伴西塘风景线总长22千米，整体规划结构为"一心、多点、一环、多片区"，即以西塘5A级古镇为核心，以荷池、红菱、东汇等多个美丽乡村为点，将古镇旅游配套区、农耕文化体验区、水乡客厅展示区和祥符科创核心区等串联成环。

因为项目的打造，越来越多的外乡人选择到西塘定居、生活。

来自上海的张清原是一名游客，早年间几乎每个周末他都会带着家人来西塘度假，直到有一天他买下了镇上的一家店铺，开始经营名为"西街16号"的音乐书吧，尝试融入西塘人的生活。

"这里原汁原味的建筑风貌和淳朴的风俗民情，令人感到特别亲切。"张清说。2011年起，西塘镇上规划营造了酒吧文化一条街。同年，他又租下了另一个店面，经营起一家可供客人品茗下榻的民宿。

前不久，在张清夫妇俩的张罗下，"西街16号"酒吧也开张了。张清而今的愿望是在有生之年，和妻子一起走遍世界，然后把世界各地好玩的东西带到西塘。"我把我们所有的旅程记录都放在西塘，让来旅行的客人分享一份美好的心情。"他说。

在西塘，如今有很多像张清一样的外来者，停下了旅人的脚步，融入古镇的生活圈里，从而形成了多元的休闲文化氛围。

随着西塘的名气愈来愈大，慕名而来的客人也越来越多。然而，古镇自古以来生生不息的气韵还照样一以贯之地延续着。

西塘古镇旅游开发的成果，在让古镇居民受益的同时，还让更多的西塘人也享受到了红利。

从2017年开始，西塘启动了大舜、下甸庙老集镇三年改造行动计划，率先对集镇老街区上的纽扣路下手整治，将当地纽扣文化元素融入其中，打造富有传统文化特色的新型小集镇。

目前，西塘树立起"城镇旅游就是旅游城镇"的"全域景区"概念，

努力做到古镇景区区内向区外延伸，区外向区内融合，实现西塘古镇景区由1.01平方千米到3.03平方千米的大突破。

为了改善居民生活条件，西塘除了古建筑修复、立面整治外，还实施了管线地埋、河道整治、驳岸维修、淤泥清理、危房建筑检测加固等保护工作，让当地百姓切实得到了实惠。

"以前我们都说，西塘就一个景区是好的，走出景区完全就是两个世界。"西塘镇大舜村村民沈先生说。但现在整个西塘，都变了模样。

清风徐来，吹皱一池清水。

2020年，西塘镇以荷池、红菱两村作为试点，开始打造"古镇（景区）—美村"相依的"未来水乡社区"。

在"未来水乡社区"建设中，荷池村特别改造了村口的古窑砖雕文化园，重修了塔湾商业街、乡贤馆以及忘忧花园，在村内营造出主客共享、人文交流的生活场景。同时新建了双创中心等一批项目，并引入了荷池村智能化平台，使得荷池村今后可以借助5G、大数据、物联网等科学技术，为创客公寓、全村灯光亮化、村内展示馆、智慧停车场和安全监控系统等项目提供服务，助推村庄自治管理水平的全面提升。

拥有美丽田园风光的红菱村，则定位为"新文化"乡居田园，村子改造工作创新性地加入了更多网红项目策划，如露营营地、户外美学俱乐部、稻田亮化工程和水塔3D投影等项目。有了这些亮点，村子吸引了更多游客来逛稻田、拍照片、赏夜景、住下来，村民们做些旅游配套服务，就能实现增收。

"下一步，西塘将构建跨境电商生态圈，创新发展'跨境电商＋免税＋保税＋一般贸易＋景区'的旅游消费和保税商贸模式。加快推动景区外拓内敛，实施景区北入口改造、'夜坐标'提升系列工程，依托高标准推进的祥符荡会展中心，布局高端会展、康养度假新业态。谋划《西塘宣言》十五周年系列活动，推动全国古镇古村落保护提升新高度。"马红屏说。

他说，未来的西塘，应该是穿越千年、面向未来，传统可以跟现代对话，中外可以对话，文旅产业能让人才留下来，让游客住下来，让我们的生活慢下来，让业态活起来。

德清莫干山：乡村旅游"模范生"成长记

中新社 江杨烨

莫干山，位于浙江湖州德清，是中国四大避暑胜地之一。百年前，这里因绿荫如海的修竹、清澈不竭的山泉、四季各异的风光而名扬中外，成为近代中国休闲度假旅游的发端和萌芽。

如今，莫干山是浙江首批风情小镇入选地，是国家级旅游度假区，还是被《纽约时报》评选为"全球最值得去的45个地方"之一。

发展密码：生态与文化

"一座莫干山，半部民国史。"这里是一个政治、经济、文化等多维度的"秀场"。从建筑到人物，从政治到经济，从民生到人文，莫干山的近代历史，构建起一个中西方文化交融、碰撞的特有标本。

早在1892年，西方人就在莫干山度假建造别墅，留下了国家级重点保护文物——"莫干山万国别墅群"，海派文化自此与莫干山"结缘"。

在莫干山下的庾村集镇留有一批中欧式建筑旧址，当地通过对旧址的文化挖掘与提升，明确"民国风情、海派文化"的定位，结合小镇实际，进行改造提升，保留民国时期的老车站、文治藏书楼、钱万春私宅等老建筑，将民国时期黄郛小学礼堂改建成民国图书馆，精心筹建黄郛莫干农村改良展示馆，打造长达3千米的百年梧桐大道，建成富有特色的民国文化街区。

正是基于独特而深厚的历史文化底蕴，莫干山的自然风景与历史人文交相辉映，在中国众多旅游目的地中独树一帜。

2011年，源于对美的追求和探索，在深圳打过工、为影视剧配过音、开过画廊的费美珍一眼相中了位于莫干山集镇庾村的黄郛文治藏书楼，租下后进行修复，成立陆放版画藏书票馆。近百年历史的黄郛旧居也得以再放异彩，成为庾村·1932文创园区最早的业态。

100多年前直至现在，莫干山的"魔法"除了兼收并蓄的文化，还有这里的青山绿水。

民宿生态日、洋河长护河……无论是本土村民还是民宿业主，这里的人们都懂得与自然休戚与共的朴素道理。

云起琚民宿主鲍红女打造了一个萤火虫水森林。她介绍，森林的围栏都是工作人员从山里捡回来的，不允许有任何的生态破坏。"星星点点的萤火虫将夜色点缀成了梦境。萤火虫停留的地方，都是它喜欢的地方。

这就是我所理解的生态富裕。"

"度假首选的地方肯定是莫干山,"嘉兴游客顾雅萍说,"选择莫干山的原因之一是距离比较近,还有一个更重要的原因就是住不厌。这里每个民宿,每个角落都是不一样的,带来的体验也是不一样的。"

顾雅萍说,她已经连续四年带家人来莫干山度假,感受莫干山四季风华。"小朋友可以在这里放鸽子,大人可以逛不同的小店,感受文化的交融,住在这样的小镇,很美满。"

业态空间:包容与革新

德清,五山一水四分田。

2007年,一个名叫高天成的外籍青年在这片长三角中心绿地开启创业之路,让莫干山与民宿产业擦出星星之火。

如今,山峦起伏、翠竹山坞之间,800多家特色民宿如点点繁星,散落于莫干山麓。

从1家到800多家，星星之火所以燎原，背后是不断革新以及包容的市场环境。

早在2015年5月，德清就发布了国内第一部县级地方民宿标准——《德清县乡村民宿服务质量等级划分与评定》，使德清县乡村民宿走上了规范化、标准化、正规化的道路。

2016年底，该标准被国家标准化委员会列入城乡统筹国家标准制定项目，德清民宿标准正式被立项为国家标准。2020年9月29日，国家标准《乡村民宿服务质量规范》发布。

如今，依托名山名宿效应，莫干山深处会聚了3000多名青年学子，成就了一番千峰竞秀、百业争艳的独特景象。这与2000多年前，干将、莫邪夫妇铸成雌雄双剑，莫干山名震天下，成为成就旷世业绩的神奇之地，或有着说不清的联系。

庾村风情小镇的"金鱼妈妈"餐饮店生意火爆。店主徐菁愉也是创梦者之一。1989年出生的她，大学时学的是纺织品设计，毕业后在当地县

城工作，闲暇之余帮忙打理家中的农家乐饭店。

随着莫干山旅游业的日益兴旺，徐菁愉返乡创业，打造"金鱼妈妈"品牌，将自家的无名农家菜发展成为拥有3家连锁店的网红餐厅。

"第四家连锁店正在筹备中，我们可能会把杭州作为第一个新起点。"徐菁愉说，她给自己定下了三年规划，要在中国各地开办10家分店，让更多人品尝到莫干山的味道。

和"金鱼妈妈"餐饮店一样，越来越多的美食店铺在莫干山如雨后春笋般冒出尖儿来。这里的美食一如它经年杂糅的海派风格，海纳百川、兼容并蓄。它们在融合中碰撞出新的火花，从不同方面丰富了每一位当地人和来往游客的味蕾。

走进莫干山的任何一家小店，都有着游客欢乐的声音，也有在莫干山的创梦者论剑江湖的身影。

多年来，很多人在莫干山留下了梦想的足迹。四川小伙刘杰在莫干山创办了全国首个乡村民宿众创空间，他的愿望是想让老家四川的乡亲也能用"叶子"赚"票子"；江苏宜兴女孩杨梦云，回国后来到莫干山加入Discovery探险极限主题公园担任运营总监，她觉得莫干山不仅仅是江南小镇，更像是一个国际平台；南艺毕业的田飞与他的善加团队在莫干山开办新锐陶艺工作室；海归回来的谢志远开创了与三星米其林大厨合作的甜品店……

与此同时，当地围绕"原生态养生、国际化休闲"目标，成功培育了裸心谷、裸心堡、郡安里度假酒店、法国山居等国际水准的度假酒店，并带动高品质民宿集群发展，打造各类特色精品民宿600多家，形成了完整的度假住宿产品体系，"洋家乐"成为中国首个服务类生态原产地保护产品。

莫干山镇党委书记、莫干山国际旅游度假区党工委副书记、常务副主任高群说，成长中的莫干山着眼于多元化产业业态，做强做靓旅游品牌，提档升级基础设施、配套设施、接待设施等，进一步擦亮国际乡村旅

游"金名片"。

事实上,莫干山嗅觉灵敏,始终把握着乡村旅游发展的脉搏。

2020年,新冠肺炎疫情得到有效控制后,当地推出了"2020莫干山大型户外公益集体婚礼",18000平方米的草坪上,40对来自长三角因疫情推迟婚期的新人,在竹海山林间喜结良缘,让幸福时刻定格在莫干山间。

2021年,在剧本杀、沉浸式表演市场火热的当下,莫干山率先推出了结合民国图书馆、老莫咖啡馆等建筑打造覆盖整个小镇中心的行浸式剧场。通过剧本《莫干山往事》,讲述了当地的历史故事。

莫干山的发展离不开创业者的热情。莫干山度假区管委会产业发展科主任闵瑛介绍,在莫干山,不少活动是不同的品牌主自发策划、出资推动的。"这里能感知到瞬息万变的市场,也有敢于造梦的人。"

返乡创业人才、外来高端人才的会聚,让莫干山的乡村旅游、民宿经济既保持乡土化、特色化,又逐步高端化、国际化;既能让外来投资者赚钱,又能通过模式输出,走出去赚钱,还能促进村民致富和集体增收,为"绿水青山就是金山银山"提供了鲜活生动的"莫干山样本"。

总部经济：走进来与走出去

各种优势在莫干山交织、叠加，为这片绿水青山注入可持续发展的不竭动力。

诞生于莫干山的"西坡""大乐之野""清境·原舍"等品牌民宿在全国各地落地开花；在莫干山萌芽的"木亚文旅"，把民宿项目开发覆盖到了江苏、四川、重庆等地；就连莫干山本地的无名农家菜，也开启了连锁店，菜肴卖到了上海、杭州。

品牌输出的同时，人才队伍也从莫干山走向祖国各地。

参与过裸心乡的筹备，制定过民宿国家标准，也录制过《亲爱的客栈》，木芽创始人刘杰个人的职业生涯与莫干山民宿发展史紧密相随。

刘杰表示，莫干山民宿的初级阶段，其卖点是概念，后来开始注重设施设备，但真正支持民宿行业长远走下去的，是服务。

如何让民宿服务对标星级酒店？早在2016年，国内首家民宿学院——莫干山民宿学院便正式揭牌成立。如今，莫干山民宿从业者的培训已经从过去没有资质、没有教材、没有实训基地的松散模式，进化到有资质，有常设机构和人员，有教材、有标准的专业模式。

从莫干山走出去的还有一批闻名全球的文旅品牌，探索出了改革赋能的多项全国第一，也吸引了一批怀揣梦想的青年来创业奋楫。

其中，全球首个Discovery探索极限基地落户在这偏居浙北一隅的德清莫干山。

"这其实是非常冒险的，谁来做、怎么做，都没有经验，全部是零。"回忆起当初拿下美国纪实传媒娱乐公司探索（Discovery）的产品授权，川力企划创始人朱国良认为，这是一个赌博性的动作。

一切从零开始，莫干山Discovery探索基地由此成了一块"实验田"。经过3年发展，莫干山Discovery探索基地在行业内的名气越来越大，正在孵化更多的项目，九寨沟、桂林、崇礼等Discovery探索基地正在推进中。

"莫干山作为精品酒店和民宿汇聚的长三角高端旅游目的地，既有自然生态，又有区位优势，项目一经提出便受到当地政府的大力支持。"Discovery探险极限主题公园相关负责人介绍，选择将首座Discovery探索极限主题公园在此孵化，连动德清莫干山旅游线路、餐饮住宿配套等旅游产品，引领德清莫干山全域旅游的打造。

"也正是因为有了Discovery探索基地、凯乐石、久祺国际骑行营、路虎体验中心等一批户外运动品牌的落地，莫干山的业态脱离了单调模式，二者形成了相互引流的局面。"高群说。

如今，这些户外运动品牌也在莫干山这块"实验田"上得到了良性发展，并把商业模式复制到中国各地。

眼下，莫干山正积极打造莫干山产业联盟，中国第一家文旅产业融合实验室正谋划落地，集合文旅产业链上、下游服务商，专门为莫干山民宿提供全方位的服务。

涂鸦智能、力时科技数据等公司已开始初步的沟通。民宿预订平台"订单来了"CEO沈爱翔更是将公司总部搬迁至莫干山。他将其商业版图打入德清莫干山时，企业所提供的服务还只是帮助商家解决民宿的数字化管理与信息化提升，而现在，他帮助商家实现了客房营销的"N"种途径。

此外，由3000多位设计师组建而成的联盟即将在莫干山落户。还有百余位定制师将驻扎莫干山，深度挖掘莫干山的山地资源、文化资源，创新和丰富产业业态，努力将其打造成为覆盖"吃、住、行、游、购、娱"全过程的高质量度假消费区。

"让外地企业与年轻创客'走进来'，让德清的文旅品牌'走出去'，这便是我们的初心。"德清县委书记敖煜新表示，接下去，德清将以"两山"理念转化样板地模范生为目标，致力传承莫干山历史文化、深化规划设计、加大建设投入和市场化运营力度，加快建设产业融合发展示范区、民宿高品质发展样板区、国际乡村未来社区，全力打造长三角国际一流山地度假典范。

湖州南浔：传统古镇的现代化新生

中新社 施 杭 童笑雨 童威楠

南浔，位于杭嘉湖平原腹地，自1252年建镇以来，这里就有"耕桑之富，甲于淳右"之称。近代，南浔商人最早接触世界，将西方文化融入传统之中，营造了中西合璧的建筑风格。现代，南浔在保护好传统的古建筑、旧传统的同时，也勇于拥抱现代化潮流：建设智慧景区，打造"水晶晶女孩"IP，举办"虾客大会"……南浔凭借其独特的历史文化遗产和现代化元素，被评为"全国5A级景区""中国十大魅力名镇""中国历史文化名镇""中国文明城镇""浙江省旅游风情小镇"等称号。

如果想要在经济发达的江浙沪寻找一座清幽的水乡古镇，并非易事。但南浔，必不会让人失望。

相较于其他热门古镇，它没有那么浓厚的商业气息，而是拥有更多的是生活气息。用当地人的话来说，在南浔，时间仿佛被锁定在明清时期。它拥有的，不仅是那专属于古镇的黑瓦古檐，在白墙灰瓦的中式建筑群中还有红砖小洋楼、克林斯铁柱头、舞池等西方建筑元素。

中西合璧是南浔古镇最大的特色。事实上，这一风格不仅在建筑上有所体现，在现代南浔的发展脉络中亦有迹可循。在这里，你能看到传统与现代的碰撞。

而南浔传统的留存，离不开各方的坚守与科学的开发。今天，还能看到悬挂在张石铭旧宅二楼的花窗上，当年从法国进口，现已成世界绝版，估值一两黄金一块的蓝晶刻花玻璃；装饰有花岗石罗马柱、法国进口花纹地砖、拱形门窗、壁炉的刘家洋楼"红房子"；共有四进、244个房间，极尽砖雕、木雕、石雕之精美，号称"江南第一民宅"的张家故居……走在南浔古镇，人们从这些百年前的陈设、建筑中依稀还能感受到当年浔商富可敌国的气派。

"我小时候南浔是这个样子，现在还是这个样子，没有变过。"离家求学工作20余年，近来返乡创业的张惠说。张惠从小在古镇上长大，搬家前全家住在有140年历史的南通街142号的老宅子里，对面就是张石铭故居。

南浔能保持完整的古镇风貌，离不开各方对南浔传统元素的守护与坚持。

古镇的保护始于20世纪50年代，从80年代开始，各方主动保护意识逐渐增强。当时南浔已经是一个工业重镇，垄断了国内三合板生产和销售，经济实力强，市场化走在全国前列。

如何克制商业开发的诱惑，对古镇妥善保护，这对当时的南浔人而言,是一个巨大的挑战。

"文物的特征之一就是不可再造,一旦损毁或利用不当,重新建造的只能叫仿古建筑而不是文物。"南浔区文物保护管理所所长李彦说。当时南浔人达成了共识,一定要把南浔古镇的文物保护好。

近年来,南浔秉持"没有想好之前坚决不动"的原则,不断深化对古镇的保护探索。

2011年,南浔区成立古镇管理委员会,系统梳理古镇房产、古建筑、民居等情况,形成翔实数据库,此后编制《南浔历史文化名镇保护规划》《大运河南浔段遗产保护规划》《南浔古镇部分历史水系修复项目》等规划,并于2016年启动古镇保护利用三年行动计划,从优化空间布局入手,促进古镇整体性保护。

随后,当地对古镇237处传统民居、名人故居、园林古桥等历史建筑集中进行保护性修缮,还展开区域整体水系与生态修复,重现古镇内运河与市河"十字相交、外环内通"的历史水系风貌,还原古镇水城相依、街巷曲折的江南水乡特色。

为了全面整理复兴古镇人文，当地还成立了南浔历史文化研究课题组、"南浔学研究会"等研究组织，30多位院校专家与地方学者先后出版《南浔丛书》7套27本，以及《南浔近代园林》《南浔名人》等单本书籍60余册。

南浔当地人也主动参与对传统的保护与传承，郑兴宝和郑宗南父子相继成为嘉业堂藏书楼的管理员，每日日常巡查，为雕版建档、古籍修复，30余年如一日，做着寂寞、单调的工作。

"正是有了许许多多像郑家父子这样几代人传承的努力，汇聚成让古镇元素得以完好保护、文脉得以连绵赓续的力量。"陆剑说。

南浔古镇的魅力不仅仅在于古色古香又中西合璧的静态建筑，更在于这个小镇最原始的那份朴素感。

开发20余年，南浔古镇一直坚守自己的个性，摒弃其他古镇商业化气息浓重的开发模式。直到今天，不少居民还住在古镇上，保留着20世纪以来的生活习惯。**镇上居民不紧不慢的生活方式，也成了游客眼中的**

一景。

镇上的居民张惠用"安耽"（南浔方言）来形容南浔人的生活。每天，当地人为了吃到最新鲜的食物，清晨、傍晚要去两趟菜场。菜价很便宜，2元可以买1斤蔬菜，景区里有不少开了近20年的面馆，当地人也常去吃，当地特色的"双交面"有鱼有肉，满满一大份，只要9元一份，10年没涨过价了。

离开南浔近20年，张惠说："回来发现，南浔还是南浔人的南浔，这感觉很好。"

目前，南浔古镇仍然有7300户约20000人原住民生活其中。早在2000年，出于古建筑保护的需要，南浔政府将镇上愿意搬迁的居民集中起来，通过置换的方式，用景区的老房子换新区的小套房，迁走了一批人。目前留在景区的大多是对古镇怀有深厚感情，上了年纪的老居民。

南浔在古镇开发和保护中，重视以人为本的理念，让原住民有权利、条件享受现代生活，在家中实现传统文化和现代文明的融合共生。

民居老旧破败，当地统一进行外墙装饰，依据每幢民居的进深、门额的装饰以及河埠的样式进行专门布置；为了方便老居民左邻右舍欢聚畅谈的需要，在古镇改造中当地还特地保留了栏杆椅。

近年来，古镇上的教育医疗、文化体育服务设施也不断完善，不仅保证了古镇传统生活方式的延续，也为当地人的生活提供了物质保障。

相传明代万历年间礼部尚书为孙媳陪嫁的100个丫鬟而建的百间楼，今天已经变成了一条充满市井烟火气的商业街，当地小吃、特产、古玩、民宿等各色店铺开在其中，给游客和当地居民日常生活带来方便。

现在，游客们坐着摇橹船穿过一座座月牙般的拱桥，能看到河两岸的店铺里老板掀开蒸笼升腾起的蒸汽，街边凳子上摇着蒲扇、眯着眼睛的老人，挑着刚采的蔬菜走在高低不平的青石板路上的男子，听着导游低声讲起这座水乡古镇的变迁，偶有不知哪个院子的公鸡打鸣声……游人们在船上看风景，居民们在岸上过日子，古镇的日子岁月静好，时光很慢。

今天,更多的游客来到南浔,不仅仅是被百年前富商聚居的低调又奢华的古镇所吸引,还有**那色彩斑斓的田园风光和古朴典雅的江南村落**。

近年来,南浔镇以美丽乡村创建为抓手,各个村庄围绕"一村一品""一村一景""一村一韵"的建设主题,结合自身特色,大力发展水文化、渔文化、菱文化,留住稻香蛙鸣,重构乡野记忆。

永联村打造"一自然村一品",挖掘每个自然村的品性,让村庄环境更加高质量;神墩村瞄准"温泉乡村"定位,吸引温泉度假项目入驻;灯塔村狠拆温室龟鳖棚,"黑烟村"成为省森林村庄;兴隆村则做起生态农业文章,蚊帐大米、有机果蔬等畅销长三角……

在计家兜村村民沈兴发家后院的道路两侧,渐次种植了紫薇花和红叶石楠,彩绘的旧轮胎点缀其中,别有一番野趣;后院被红砖围砌,里面种满了农家小菜,中间的小路干净清爽,形成一幅自然、雅致的农家画卷。

然而六七年前,这个后院还是出了名的"脏乱差","到处杂物乱堆,人们都不愿意往这里走",沈兴发介绍。

2016年,计家兜村申报美丽乡村并成功后,村子又开展美丽乡村提质扩面,"精雕细琢"乡村环境细节,不断完善乡村配套设施,整治村容村貌。整治后,村庄呈现一幅"白墙黛瓦绿树,小桥流水人家"如画亦如诗的景象,村里的好景致引来了寻芳览胜的游人们。

计家兜村的变化只是一个缩影,如今在南浔,一个个美丽乡村正纷纷绽放,如辑里村融合丝绸、农耕、传统技艺等多个元素打造特色美丽乡村;息塘村举办"采菊东篱"旅游文化节,依靠百亩菊花田打造自身文化名片……"乡村+休闲""农庄+游购"的乡村度假"慢游"模式受到了游人们的欢迎。

在辑里村湖丝博物馆,各类传统农作工具、艺术品以及其他有文物价值的物件一一陈列,吸引了游客们驻足。"每天客流不断,如今这个博

物馆可是我们的招牌了。"辑里村村民乐呵呵地说。

一个小镇若想在游客心中拥有姓名,不能仅靠"吃老本"。**利用技术加持,打造智慧景区,让现代科技与传统文化结合,使南浔从"千镇一貌"中脱颖而出。**

2018年以来,来到景区的游客只要通过一部手机,就能获得买票、身份验证、线路推荐、语音讲解等智慧化服务,只要打开"一键智慧导览"系统,在手绘电子地图上就能轻松找到景点、美食、购物点、停车场、厕所等位置。

南浔景区相关负责人介绍:"南浔古镇依托手机微信公众号、小程序、App等多种途径,能为游客提供掌上一站式、智能化旅游综合服务。"

游客可通过刷脸验票的方式,无阻拦地畅游各个景点。据工作人员介绍，过去一名游客通过检票口验票进园大约需要5秒左右的时间，碰到节假日高峰期，耗时可能更长，人工验票效率很难满足现实需求；而现在一名游客录脸所需时间在2秒以内，刷脸入园1秒即可，入园速度大大加快。

此外，南浔古镇景区还打造了三维可视化管理平台，将景区内整体人流量统计、人流量分布、门票销售额、景区周边交通数据情况等生成可视化数据图标，便于管理者调控人流策略，确保景区正常运行，提升游客的满意度。

南浔景区负责人说，接下来南浔古镇还将布局5G、VR/AR、人工智能等先进领域，积极开展5G＋直播、AR＋历史人文、AI智能机器人等数字化服务项目，让游客获得"沉浸式"互动体验。"智慧化景区可以更好地整合景区资源，取长补短，提升景区核心竞争力，让景区风景更美，让游客游兴更浓。"

在利用数字化提升游客服务的同时，南浔古镇也积极打造新业态、新模式，争取在一众古镇中凸显自身特性。

面对当前古镇共同面临的年轻游客群体不足的问题，南浔旅游投资发展有限公司将目光投向了时下最火的"偶像团体"，打造《水晶晶南浔水晶晶女孩》这档青春偶像励志竞演节目，选拔出5位"民间探浔官"组成了"水晶晶女团"，通过年轻人的视角挖掘南浔古镇文化，向更多年轻人传递"水晶晶南浔"的文化价值。

节目在抖音、西瓜视频和今日头条等多平台进行联动传播，将南浔的餐饮文化，如定胜糕、熏豆茶、三道茶，小桥流水建筑以及水乡婚礼等民俗特色文化，通过节目中嘉宾体验展示和短视频热度发酵，"水晶晶南浔"的城市品牌形象成功破圈。

南浔景区相关负责人介绍道："这档综艺，进一步激发了古镇对年轻人群的吸引力。"

当前夜间经济发展如火如荼，南浔也以"夜间经济"为出发点，打造一批更系统、更具有层次的产业结构，即为游客提供一批"吃、穿、住、用、行、游、购、娱、乐"全方位的选择。

夜间经济绕不开夜游，南浔古镇内部水网密布，夜晚游客们可以坐着摇橹船欣赏沿河的风景，有着其他景区难以比拟的水乡优势。

南浔当地对河道两岸的古建筑进行修饰，聘请中国市政工程华北设计研究总院灯光艺术总监李全胜担任设计师，组合运用数字投影、舞台灯光、激光、雾幕及水帘效果等手段，打造多媒体表演。

游客们在橹桨声中缓缓前行，感受着夜晚水乡月色的同时，还可以欣赏到周边建筑上令人惊叹的数字投影，从图像中了解本地人日常生活、龙舟比赛和传统婚礼等习俗。

古镇还以"吃"聚人，让古镇的夜晚更热闹起来。

南浔有着万亩"稻虾"小龙虾养殖基地，当地的龙虾个大黄多，肉质紧实富有弹性，吸引大批游客前来。2019年南浔举办第一届虾客大会，并加入集市的元素，开展"浔梦环游"主题夜集市，以"吃"聚人气，以"购""娱"增体验，进一步升级古镇游玩、购物、娱乐业态规模。

在保证游客体验感的同时，古镇也着力提升其他配套服务项目，如古镇周边酒店民宿的数量、质量，加强夜间的安保措施，增加接驳车船的数量等。

来自杭州的汪女士就是被引入的民宿主之一，她在古镇上开了一家以茶道为主题的民宿"南浔净叶轩茶"，在民宿的对岸，她还开了一家茶馆。据她介绍："晚上来茶馆的游客和当地人特别多，大家边赏夜景，边喝茶，边聊天，都很享受。"

绍兴安昌：千年古镇如何"活"在当下

中新社 施 杭 童笑雨

绍兴安昌：安昌位于绍兴市柯桥区北部，与杭州萧山区相邻，被称为"活着的古镇"，拥有中外闻名的"师爷文化"，是柯桥区一、二、三产业发展最均衡的镇街，也是"中国历史文化名镇"。近年来，安昌以打好"文化牌"、创建"新业态"为抓手，集聚产业共同创优。这里既留住了江南古镇原生态之美，又以千年文化为基，开展创新，将"变与不变"融会贯通。

在浙江绍兴，有着"金柯桥、银安昌"之说。柯桥是新兴的城市副中心，安昌则是一个热门的旅游小镇，是中国历史文化名镇之一，拥有千年历史。

这里清水涟涟，乌篷船在河道中自由穿梭，游人如织，青年返乡，古镇虽年代久远但活力十足，年游客数量突破300万人次，成为网红打卡点。这是2021年的安昌，几年前，这里是另一番景象。

"安昌舅舅"成金元是中国摄影家协会的会员，40年来他用镜头记录着安昌的变迁。他还记得家乡当时的模样："母亲河"变黑河，传来阵阵恶臭；年轻人外出工作，老年人留守在家；古镇"渐渐老去"，游客只在腊月时节光顾。

改变从环境整治开始。

2012年以来，安昌街道花大力气治理河水，通过实施印染产业集聚升级工程，搬迁了所有的印染企业，从源头上解决了污染问题。同时，还投资300万元引进秋氏环保进行生态治水，对断头河道进行彻底清淤，并对古镇区域12家"低小散污"企业进行关停，对废气、废水排放不达标的餐饮企业进行整改。

除了着眼于企业，安昌还将落脚点放在百姓的生活污水排放问题上。

自2018年开始，当地以古镇区域为重点，对全镇8个工业区、42家企业、19个生活小区深入摸排。2019年开工建设项目16个，完成投资额1620万元，将水环境治理由治标向治本、从末端向源头治理转变，全面提升了水环境质量。

大手笔的截污纳管工程给安昌水质带来了彻底的改变。"我把20年前拍的一条老街上的臭河和现在治理好的河进行对比，真的是大变样。"成金元说。

但对于安昌而言，真正吸引游客的地方，绝不仅是小桥流水，还有那一份"乡愁"。

作为中国历史文化名镇，安昌拥有众多沿自明清的古民居。安昌街道党工委书记许立峰说，从1999年开始，安昌古镇就遵循"文化保护为主、商业开发为辅"这一原则，对古镇进行保护性开发。"夏商的魂，春秋的水，唐宋的桥，明清的建筑"，是安昌古镇的精髓。

在古建筑复原上，安昌古镇管委会遵循"修旧如旧、保持原貌"原则，专门列支经费用于古镇景点和基础设施的修缮和维护，由一支古镇自建的专业队伍对旧房进行统一修缮，并明确修复的材料和工艺要求，最大程度保持古镇古朴风貌。

如当地先后投入2亿多元（人民币，下同），对古镇入口安昌桥、阳明桥和水阁桥进行修建，并重建千年古刹安康寺、城隍庙、宣卷馆等。当地在开展生活污水收集工程时，对每一块从明清时期保存至今的青石板都做了序号标注，小心开挖，等污水管网铺好后再一块块恢复原样。

但一味地"修旧如旧"，只会让这一千年古镇失去灵魂。打好"文化牌"，是安昌的探索。

杨桦在当地工作、生活10年，如今是安昌街道党工委委员、副主任。

在她看来，安昌是"文化富矿"。这里有着大禹"三过家门而不入"的传说，王阳明在此收下第一名心学弟子；这是著名的中国师爷文化之乡，有记载的师爷就有80余名；这里拥有国家级、省级、市级非遗十余项，安昌腊肠、扯白糖、酱鸭、鱼干、仁昌酱油等地方特产极具风味。

为打好"文化牌"，安昌古镇坚持挖掘和传承古镇习俗、趣味风俗。20余年来，当地把"闹腊月"的传统升级为腊月风情节，把大禹娶涂山氏女娇的传说升级为水乡婚礼。

如今，腊月风情节已连续举办了22届。风情节上，有水乡婚礼、社戏、莲花落等活动，更有遍布老街的灌腊肠、搡年糕、捏面人等民俗表演。这样一番展现越地风情、吴越文化的热闹景象，每年都会吸引大批艺术家和绘画爱好者前来写生创作。

除了腊月风情节这一品牌项目，安昌还拥有深厚的传统技艺和非遗根基。

箍桶艺人、宣卷传人等许多人至今仍居住在镇域内，绍兴宣卷、绍兴祝福、酱油酿造技艺、安昌腊肠制作技艺等非物质文化遗产点缀在古镇巷间。

其中，素有"三缸"文化之称的绍兴酱缸文化，在安昌古镇得到了很好的传承和保护，而曾登上"舌尖上的中国"节目的百年老字号仁昌酱园，成为游客必去的"打卡点"。

但即使如此，"85后"赵洪峰仍觉得安昌对游客的吸引力不足。"前几年，安昌还只是一个只在腊月才有游客的地方。"

赵洪峰家中有着祖传的腊肠制作手艺，每到腊月，在外务工的他，都会请假回家，帮忙照料生意，但也仅限于那一个月。他说，安昌的淡旺季很明显，旺季自不必说，淡季的话，整个街上都没有多少人，更遑论开店铺、做生意。

但从2020年开始，他却辞职回家，在老街上开了一间茶馆。转变发生在这两年。

当地通过盘活老旧闲置民房资源，引进了高档民宿酒店、天官第酱米文创园、人才客厅等新项目，吸引年轻消费，打造时尚古镇。

为了提升游客旅游体验感，安昌还对古镇老街100余家商铺的经营者资质、经营业态进行管理筛选和调整，引进特色工艺大师，打造酱文化、古小吃等特色品牌店铺。

渐渐地，以前紧闭的房门打开了，有的出租给创业者，有的自己开店经营。到现在，特色餐饮民宿、地方文化产业等店铺林立。有着千年历史的小镇，追赶上了时代潮流。

为了让师爷文化深入人心，当地建有中国唯一一家师爷主题展馆。在这里，有师爷历史、师爷生活用物、师爷日记等陈设。绍兴还推出首档

普法类访谈节目《师爷说法》，学生可在此参与互动体验式研学游项目，体验师爷生活，进一步感知师爷文化。

因为文化活动，浙江历史文化名镇、非遗主题小镇、浙江省旅游风情小镇、CCTV中国魅力名镇、首批民族传统节日"春节"保护地、浙江省春节文化特色地区、国家4A级旅游景区等一个个荣誉随之而来。

文化的加持，让江南小镇安昌远近闻名。2021年以来，安昌古镇的开发成果更加丰硕，安昌古镇获评绍兴市首批非遗研学游实践基地，到目前为止，共接待游客180万人次，营业收入达200多万元，再创历史新高。

古镇文化的展示，让安昌走出"深闺"，将文化进行IP化打造，为安昌文旅品牌的行稳致远，赋予了更多的动力。

如今，行走在安昌，随处可见小师爷、酱文化等元素。

"我们这里有一个日照恒温晒酱室和一个露天晒酱场作为旅游点，让游客零距离参观晒酱、制酱过程，看看好酱油是如何晒出来的。"仁昌酱园董事长俞彩玉介绍说，做工业旅游，不仅传承了酱缸文化，还让百年老店焕发了勃勃生机，并带动了客栈、餐饮等衍生销售。

因为游客多了，新新所在的律行慈舍民宿，于2020年落地安昌古镇。6个房间，每到节假日都住得满满当当。哪怕闲暇之时，民宿的私房菜业务，也忙得不可开交。

虽然在安昌古镇只待了一年，但新新也能发现这个小镇正发生着翻天覆地的变化。"不要说店铺，很多研学游项目也如雨后春笋般在当地落户。我们民宿也正在打造与师爷文化相关的研学项目，成人的培训项目也在进行中。"

正如新新所言，安昌古镇建立了师爷文化基地、酱文化研学基地等5个特色研学游基地，并与浙江省内10余家知名旅行社或企业签订合作协议，开发了低、中、高三类研学游套餐。

除了日常游览，一个"不夜古镇"也正在进入大众视野。值得一提的

是，以酱醉、稻米主题观光工厂为核心的新文旅综合体天官第酱米文创园也落户在安昌古镇，并用全新的光影、VR、人工智能等现代科技手段来讲述"古镇故事"。

文创园包括米厂、酱醉工坊、城市书房、民宿等空间，功能涵盖观光、住宿、餐饮、研学等。自2020年初正式开门迎客以来，已接待游客将近300万人次，成了新晋网红打卡地。

转变不仅发生在古镇，在范围更广的安昌街道，这样的蜕变也在上演。

目前，在古镇区域一处印染企业腾退出让地块，正在规划设计一个投资5亿余元的文旅项目，成为集文化科技、文化演艺、特色商业等于一体的综合性文化基地。

与此同时，安昌的全域旅游圈也越扩越大。其中，6条古镇景区—美丽乡村—工业体验的半日或一日研学游路线，将大山西、西扆、安华、盛陵等美丽乡村精品村和3A景区村，中国轻纺城创意园、东盛慧谷产业创新服务综合体、浙江远大勤业住宅产业化生产基地等工业体验点纳入旅游路线，为游客提供更多选择。

许立峰说,未来,安昌街道将做深、做透"年味古镇 地道安昌"这张"安昌名片",传播传统文化资源,努力保持原生态的水乡风貌,创造性传承水乡风俗,生动展示本地人间烟火味的独特风情。同时,积极打造"酱心小镇""法治小镇"、影视创新小镇、婚庆小镇等特色品牌,使古镇特色活态利用得到新发展。

安昌镇的蜕变成功,在于兼顾保护与开发,走出了一条古镇的"青春"之路。一方面遵循"修旧如旧"原则,最大程度保持古镇古朴风貌,将各种节庆活动与古镇相结合。另一方面,安昌将传统的"卖风景"变为"卖生活",卖原汁原味的旧时光、老故事,但从不仅限于淳朴的店面、粗犷的土特产包装,而是通过文化创意俘获年轻消费群体,集聚产业共同创优,贴合年轻消费群体的体验需求,将古镇的厚重文化轻松表达,实现时尚与活力的新韵展露。

也正是秉持这样的理念,当地传统的腊月风情节才能成为打卡点,师爷文化才能深入人心。这也助力安昌的"造血"与质变:星巴克入驻安昌古镇,开元观堂、华美达酒店等一批高档品牌酒店拔地而起,"红尘再""穗安客栈""律行慈舍"等主题民宿相继落成,推动古镇由单一的观光旅游向多元化休闲度假转型,成为尽数传递柯桥传统、时尚与新锐的特色文化旅游新地标。

诸暨山下湖：聚焦珍珠特色产业 全力打造美丽城镇样板

钟 新

山下湖镇位于浙江省绍兴市诸暨的东北部，区域面积42.56平方千米，是"中国珍珠之都"，淡水珍珠年产量占全国总产量的80%，世界总产量的73%。山下湖镇，因盛产珍珠而闻名，被誉为"中国珍珠之都"。从20世纪70年代山下湖人尝试养珍珠赚得第一桶金开始，到如今已经逐步形成了生产、加工、批发、零售为一体的完整珍珠产业链，山下湖镇已成为全国最大的淡水珍珠集散地。

"世界珍珠看中国,中国珍珠看山下湖。"诸暨市山下湖镇以珍珠产业闻名于世,被称作"中国珍珠之都"。

近年来,山下湖镇依托珍珠产业,整合山下湖的人文风情和生态资源,结合"省级特色小镇"创建,寻求经济、文化、生态、社区的叠加效应,聚焦国际化、时尚化、生态化,致力于将珍珠小镇打造为国际性的珍珠品牌基地。

值得一提的是,近几年,山下湖珍珠还被当作"国礼"赠送,其珍珠产业园也获批"全国知名品牌创建示范区",被命名为"全国山下湖珍珠产业知名品牌创建示范区",可谓风头正盛。

珍珠,这一世界珠宝的宠儿,如今已成为山下湖镇的代名词、该镇发家致富的宝贝。可谁又能想到,它曾是镇上的一个难题。

山下湖镇,有着悠久的淡水珍珠养殖历史。20世纪70年代,自该镇首个养珠人何木根养殖出500多克珍珠在杭城卖了近500元的事情传出后,山下湖人就开始了风风火火的"养蚌育珠"事业。

"当时,四处都是蚌塘,开蚌、取蚌的小作坊遍布全镇,最鼎盛的时候竟有60余家。"该镇相关工作人员介绍,那时,农户挖田开塘成热潮,长乐、广山等大队除五保户、单身汉外,几乎家家户户都有自己的水面。1986年,山下湖的珍珠养殖业形成了第一个高峰,西江、泌湖两乡80%以上的农户都开始养殖珍珠,珍珠年产量达到20余吨。

"当时,为了提高珍珠产量、缩短养殖周期,我们开始向塘里倾倒鸡粪鸭粪。不少家禽粪还是从绍兴一个家禽场按吨通过船运送到山下湖的。"当地一珍珠养殖户回忆说。

好景不长,中国淡水珍珠养殖爆发环境危机。"育珠"这一让山下湖人发家致富的"珍宝"事业,难以避免地带来了环保难题。

过去,走进这里的乡村,密密麻麻的塑料瓶漂浮在泛绿发黑的水面上,臭气难闻;道路两旁堆叠着的废弃蚌肉、蚌壳也散发着阵阵腥味儿。

如何既养好蚌，又治好水，让老百姓再次走向小康，成为山下湖镇相关部门以及蚌农亟待解决的问题。

为此，诸暨市重拳出击，于2017年2月出台史上最严厉的"禁养令"，一场珍珠养殖污染大整治自此掀起。

在这场生态保卫战中，珍珠养殖遭遇环保"逐客令"，珍珠企业开始"瘦身健体"。"既要珠光宝气，又要碧水清波""不让珠光宝气遮住了美丽产业背后的污染问题"，在山下湖形成了统一的生态环保意识，越来越多的珍珠养殖户开启标准化"绿色养殖"模式。

当地通过与华中农业大学的合作，研发出一整套电脑控制自动化养殖模式，不仅能保护水源，还能成倍提高珍珠养殖密度。山下湖镇新桔城村资深珍珠养殖户詹相苗积极响应"禁养令"。在退养1000多亩珍珠塘后，他开始对养殖尾水进行处理，先后经过沉淀池、曝气池、生物净化池等生态区处理。詹相苗还种上了净化水质的水草，大大提高了净水效率，

使尾水排放达标。

在经历了两年的"阵痛期"后，山下湖镇的蚌农既有了珠光宝气，又有了碧水清波，蚌农们搭载着珍珠产业这艘巨轮，在乘风破浪后再次逆势启航，终于奠定了其作为全球最大淡水珍珠基地的地位。

据不完全统计，截至目前，山下湖镇已有超过2100家从事珍珠养殖、加工与批发、零售的企业、作坊，从业人员超过1.5万人，蚌农们的日子越过越好。

历经生态治理、产业转型与消费升级的多重考验，珍珠小镇更加熠熠生辉。如今，山下湖淡水珍珠产量已占到了中国的80%、世界的73%。

同时，随着互联网技术的发展，网络直播的到来，彻底颠覆了山下湖过去几十年的营销模式。电商的赋能，更是让山下湖传统珍珠产业焕发出新生命，走出了一条高质量发展的新路子。

山下湖作为我国唯一的珍珠小镇，全镇70%以上人员从事珍珠相关产业，覆盖养殖、加工、销售等全产业链。

如今，在电商赋能之下，山下湖的珍珠行业企业也开始从批发市场慢慢转向线上，众多农户、企业都开起网店卖珍珠。林益坤就是其中之一。

2015年，大学刚毕业的林益坤来到山下湖创业，有滋有味地干起了珍珠原材料供应的生意。

2020年初，受新冠肺炎疫情影响，生意大不如前，林益坤与丈夫开始组建团队，进行网上直播销售，以通俗易懂的语言向大众普及珍珠鉴别小知识，收获了大批粉丝。目前，林益坤的直播间平均每天有5万多人次观看，日均销售额超过40万元。

随着外来创业者、大学毕业生等各路人马纷纷抢滩山下湖，越来越多当地的珍珠企业也迅速搭上"数字快车"，凭借长年的资源积累、产业基础，以及作为源头厂家的优势，力拓线上销售渠道，并加大投入与网红、影视明星合作，蹚出了一条珍珠销售突围之路。近4年，更是积极利用抖音、淘宝直播等新电商形式。

目前，山下湖镇已拥有超过1000个直播账号，直播交易额达300亿元。在如此庞大的交易量之下，山下湖等乡镇日均快递发单量也在几十万件以上。2020年，虽然受到疫情影响，但山下湖珍珠产值、线上销售额却逆势增长。仅"双十一"期间，线上交易额就达2亿元。

线上销售火爆的同时，线下市场也在悄然发生变化。"抱团参展，联合站台"成了山下湖珍珠商们的新策略。

作为华东地区规模最大的国际性专业珠宝盛会，2021上海国际珠宝首饰展览会吸引了来自国内外800余家商家参展。山下湖珍珠企业强势出击，50家企业、64个展位集体亮相，不仅刷新了历次参展规模之最，也成为这次展会上最大的展团。

"抱团参展既能提升山下湖珍珠的知名度，打响山下湖珍珠区域品牌，也能在珠宝行业内开拓新市场，为企业带来更多经济效益和发展机会。"浙江珍珠行业协会秘书长何铁元表示。

在何铁元看来，山下湖珍珠越来越"亮"，也是珍珠价格上行的一

大因素。通过政府支持、协会组织，企业逐渐从"单独吆喝"到"联合站台"，将"对手"转化为"战友"，改变多家散乱式、无序竞争的参展方式，真正握指成拳，有序化、规范化地展示山下湖珍珠独有的魅力，加速山下湖珍珠由"珠"向"宝"蝶变。

然而，如何将山下湖丰富的珍珠产业资源转化为旅游资源，对珍珠进行主题演绎？如何从珍珠名镇跃升为珍珠旅游名镇，进而成为国际珍珠小镇？便成为山下湖镇继珍珠养殖、珍珠交易发展取得丰硕成果之后的历史性课题。

因此，山下湖镇党委、政府对城镇发展重新定位，以美丽城镇建设为载体，启动"珍珠小镇、花园小镇、色彩小镇"建设，计划通过几年努力，将山下湖镇打造成为一个以珍珠产业为核心，集"珍珠产业＋特色旅游＋互联网＋文化创意＋金融资本"为一体，具有国际水准、国内一流的全域秀美特色小镇。

为了将这颗明珠进一步推向全国，甚至全世界，山下湖镇大手笔谋划，前瞻性布局，紧紧抓住珍珠小镇建设的契机，重点打造休闲旅游产业平台，构建全域旅游新格局。

对照美丽城镇建设"五美"要求，山下湖镇按照核心区打造、美丽

集镇全域提升、珍珠产业转型升级、旅游配套等四大块,在第六代市场华东国际珠宝城旁边重构一个新区,总投资10亿元,规划建设珍珠湖公园、世界淡水珍珠博物馆、珍珠文化街区、创意工坊等一批珍珠小镇特色项目,以此带动形成功能明显的创意设计区、珍珠加工区、休闲居住区。同时实施一系列环境提升工程,改造集镇污水主管网和渠系等。

如今,20万平方米珍珠湖公园犹如一颗明珠镶嵌在山下湖集镇的北部,白色的珍珠蚌形雕塑精致美观,碧波之上的灵珠岛宛如灵珠漂浮于珍珠湖面,这里儿童乐园、休闲广场、小镇码头、水上栈道等休闲娱乐设施一应俱全。

来到珍珠文化街区的核心区，西干渠道蜿蜒而过，左边是由珍珠文化街区、世界淡水珍珠博物馆、会议中心等组成的珍珠客厅；右边10多幢具有江南风格的大师创意工坊错落有致地排列；远处，五星级酒店正如火如荼建设着。

两年前，这里还是一片湖畔，令人惊艳的变化得益于美丽城镇建设。随着珍珠湖公园、珍珠客厅、创意工坊等项目的建成，山下湖镇呈现出了全新风貌，已经打造成集文化、休闲、商业为一体的小镇新地标。这里被人们誉为升级后的第七代市场，它打破了历代珍珠市场传统封闭的格局，以开放的姿态迎接四方来客。

近几年，中国（国际）珍珠节、珍珠小镇农耕文化之旅、珍珠首饰创意设计大赛等节会陆续在山下湖镇举办，2020年世界珍珠大会在山下湖镇举行，并将这里确定为永久会址。同时，联姻世界小姐大赛、中国时装周和巴黎时装展等顶级时尚赛事，深度挖掘美丽经济，让山下湖珍珠走向全球产业的制高点，向世界展示珠乡的靓丽风采。

山下湖，正以锐意创新的勇气、蓬勃向上的朝气，推动产业转型升级，续写新的珍珠传奇。

兰溪游埠：瞰光影　绘就古镇新画卷

中新社　施　杭　毛　瑜

游埠古镇位于浙江省金华市兰溪的西南部，兰溪、金华、龙游三市县的交界处，与桐乡乌镇、湖州南浔、义乌佛堂并称"浙江四大千年古镇"。其文化底蕴深厚，素有"钱塘江上游第一埠"的美誉，曾先后获评"国家重点镇""全国'宜居示范小镇'""全国摄影创作基地""国家3A级景区""浙江省旅游风情小镇""浙江省特色美食小镇（游埠早茶）"等称号。

置身于兰溪游埠老街，恍如穿越到旧时光，八字门楼、赤柱雕梁、石板桥青砖路、飞檐翻阁，无一不昭示着一个江南古镇在历史长河中曾经的显赫与生机。

游埠历来是浙赣闽皖交界重要的农副产品集散地。据考证，早在唐朝初期，游埠就建有码头。游埠作为重要的水陆码头和物资集散地，素有"钱江上游第一埠"的美誉。到明、清时期，镇上店铺林立，商贾云集。民国初年有店号数百家，不乏振源茧行、赵同昌烟店等大商号，是衢江下游繁华兴盛的重要商埠。

中华人民共和国成立后，公路交通渐渐发达，水运慢慢衰落，商业中心西移，游埠店铺林立、商贾云集、群贤毕至的繁华喧嚣渐渐褪去。

如何使这个有着千年历史的古埠再现昔日盛景？

改变，从郎静山纪念馆开始。

郎静山是中国最早的专业摄影记者之一，开创了中国摄影教育之先河，被誉为"用相机作画的大师"。他创立的集锦摄影"集合各种物景，配合成章，舍画面之所忌，而取画面之所宜者"，在世界摄坛独树一帜。

作为郎静山故里，游埠决定深入挖掘其独特的摄影文化基因。

2014年，游埠开始发展旅游。郎静山纪念馆在此期间得到修缮，该馆前身为创始于清乾隆年间的游埠祝裕隆店。2015年12月29日，首届"郎静山杯"全国摄影大赛在游埠镇宣布开赛。2017年11月，在第26届全国摄影艺术展览上，一张拍摄游埠老茶客张宝金的照片引起轰动，一夜成名。照片中的老人，提着烟筒，静静喝早茶，扁平的竹凉帽，瘪瘪的嘴巴……生动还原了"从前慢"的生活状态。张宝金的老茶客形象和游埠早茶文化一起，被摄影界广泛传播。过去偏居一隅的游埠古镇，进入越来越多人的视野。

"我是2017年从广西办事回来的途中第一次到郎静山纪念馆。当时正值梅雨季，馆里非常潮湿，布置也很简陋，还有几处在漏雨。"回忆起与郎静山纪念馆的首次邂逅,喜欢摄影又喜欢相机收藏的澳大利亚华侨卜宗元至今感慨万千:"当时我心痛得眼泪都要掉下来了。"

那时起,重修郎静山纪念馆的念头就像一粒种子,在卜宗元心中悄悄埋下。

2019年,为改造提升"郎静山纪念馆",定居澳大利亚的卜宗元应邀来到游埠,开启了纪念馆2.0时代。

在纪念馆提升过程中,卜宗元联络台湾的摄影学会、郎静山小女儿郎毓文,同时与国内其他郎静山纪念馆沟通协调,收集与郎静山相关的影像资料、照片、手稿等藏品。

同时，卜宗元在纪念馆内增设了古董相机主题馆，集中展示了他收藏的300多台1885年到1980年间的古董相机。为了把这些相机从墨尔本运到兰溪，他先后往返中国与澳大利亚10多次。

2019年12月1日，耗资2000余万元的"郎静山摄影公社"正式揭牌。

改造后的纪念馆如何吸引更多的摄影发烧友来游埠？

"纪念馆必须有造血功能，才能持久。"担任郎静山纪念馆馆长的卜宗元，以其多年经商的敏锐眼光，做出了一个大胆的决定。他投资1200万元，将"郎静山摄影公社"对面两幢废弃的明清古宅，打造成一家以摄影为主题的民宿"摄影之家"，成了摄影爱好者的俱乐部。"这里每个房间都以古董相机的名字命名，这些可都是真的古董相机。"卜宗元指着门牌边上装饰着的一台台相机，热爱之情溢于言表。

"摄影之家"的每一个角落都能看到相机的相关元素，考虑到摄影爱好者在拍完照后可以聚在一起更好地评赏照片，还设置了观影室。

曾有不少古镇找过卜宗元欲共同开发以相机为主题的文旅融合项目。"我对胶片相机情有独钟，希望合作的古镇也能有慢生活的文艺气息。"卜宗元说，他之所以选择游埠，与这里是郎老的故乡和游埠老街与生俱来的气质密不可分。

"郎静山摄影公社的打造只是一个开始。"游埠镇党委书记徐慧斌说。这几年游埠镇围绕"郎静山摄影小镇"的定位，深入挖掘其独特的文化基因，依托摄影元素，全新打造的一个个景点，正在游埠镇生根开花。

镇上的影像兰溪馆整栋建筑就像一个大型相机，每一扇窗户就是一个相机的取景器，这里共展出100余幅各地摄影家精心打磨的作品；永济影像艺术馆则在举办段岳衡和黄志强两位著名摄影师的主题摄影展，吸引了众多摄影爱好者。

徐慧斌介绍，现在小镇以摄影为核心，将摄影作品展、古董相机馆、黑白人像拍摄体验馆、亲手制作相机亲子馆、迷你暗房体验馆、民国照相馆、摄影之家艺术沙龙等有机结合，开展各式各样的主题活动，吸引摄影大咖和摄影爱好者们聚集到游埠来进行交流采风。

如今的郎静山摄影公社、黄蜡石馆、游埠酱坊、葆滋堂婚庆馆、瀔水古玩城、茶楼、民宿等，构成了古镇服务业新业态。

2020年，游埠镇旅游接待总量达98.76万人次，旅游综合收入实现9.73亿元，文旅产业已成为今天游埠镇的主导产业。

游客日益增多，古镇上的民宿也随之蓬勃发展。

自2018年以来，新增了浅塘雅舍、怀之小院、兰溪院子等9家民宿。

穿过游埠溪上的永济桥，便可看见一座江南四合院式的老房子。飞檐翘角下"怀之小院"四字优雅隽秀。这家仅有4个房间的民宿古朴典雅，由女主人吴筱君家闲置多年的老宅改建而成。

"游埠发展旅游后，游客慢慢多起来。他们喜欢去附近的早茶街体验早茶，所以一般都会在镇上住上一晚。之前有一对来自辽宁的夫妇在抖音上刷到早茶街，特地赶过来体验。"吴筱君笑吟吟地说。2019年他们正式关掉了以前在老街上的店铺，专心经营民宿，目前已有不少回头客。

如果说吴筱君夫妇是古埠改变的受益者，那土生土长的游埠人邵伟荣则是游埠镇一次次美丽嬗变的亲历者、见证者。

50岁的邵伟荣，对游埠当地的风土人情了如指掌，被大家亲切地称为"游埠通"。

"游埠通"的事业，缘起白鹭。

"那是2005年，野狐山上第一次飞来一群白鹭，数量只有几十只。"邵伟荣回忆，每年3月底至8月，都会有成群的白鹭飞来这里，栖息在杉树上繁衍后代。2008年，他和村集体签了30年的整片山林承租合同。为了给白鹭提供更多的栖息场所，他开始对山上的橘树残木进行清理，补种杉木。

好生态，不仅引来了白鹭，也吸引了远近众多爱鸟者和摄影爱好者，他们纷至沓来。76岁的摄影师黄琼瑶是白鹭的忠实粉丝，打开相机，里

面满是他拍摄的白鹭各种形态的照片。"拍了很多年了,最早的时候观鸟台是竹架搭的,后来改成了铁架。"而这都是为了方便大家拍照,邵伟荣自掏腰包修建的。

"和摄影师交道打多了,我也慢慢喜欢上了摄影。"如今邵伟荣走到哪里总是带着一台相机,"我有14个微信摄影群,他们来游埠拍摄,都喜欢来找我。摄影师们拍完白鹭,总会问周边还有什么可以拍的?"早茶街自然成了首选。

游埠古镇主要有两条街,中山街与解放街,大约都是500米长。两条古街南北平行,"早茶街"就在解放街上。

由于游埠古镇过去商户云集,为等待往来商船,来自四面八方的人黎明时分就聚集到各埠头边的茶馆里喝茶聊天、交流信息、寻找商机。

这种喝茶的习俗,延续了千百年,以前喝茶的是商人,后来慢慢演变成了当地上了年纪的农民,而今又多了慕名而来的游客。

"我二三岁的时候就跟爷爷过来喝茶了。那时候,茶客们每天坐哪家店的哪个位置都是固定的。所以来早茶街找人特别方便。"60岁的章建松是游埠本地人,也是这里的老茶客了。坐在章建松对面茶铺的孙寿明88岁了,他每天清晨5点就从十里外赶来喝早茶,这茶,一续就是一辈子。几个老朋友围坐一桌,自带杯子,一杯茶一块钱,一副烧饼夹油条,一起聊聊天,喝到七八点才渐渐散去,开始一天的劳作。

人间烟火味,最抚凡人心。这在游埠古镇得到了充分的诠释。也正是这最质朴、最原汁原味的市井生活吸引了众多摄影师的目光,游埠在摄影圈中声名鹊起。

"摄影带动了游埠的旅游。但游客来了,光有拍的、玩的还不够。"邵伟荣琢磨着再挖掘些美食,"以前,游埠镇上新婚的女儿女婿回到娘家,丈母娘都会亲手制作一种由肉和鸡蛋做成的小吃——肉沉子。但在早茶街上却不怎么看得到了"。2020年5月，邵伟荣率先让家人在古镇中山街上开了一家肉沉子店，由于味道鲜美、价格实惠，很快成了网红小吃。

从保护老街附近的白鹭，到带领外地的摄影师到老街采风，再到推广游埠小吃肉沉子……邵伟荣用自己的方式让越来越多的人走进游埠古镇，爱上游埠古镇。

古镇新生，吸引了越来越多乡贤返乡创业。

蒋小玲高中毕业后，家里人都去了城里，就很少回游埠了。她的丈夫朱兰庆是金华市非物质文化遗产名录兰溪鸡子馃的代表性传承人。夫妻俩的品牌"兰庆鸡蛋馃"闻名遐迩，曾获"中华名小吃""兰溪十大名小吃"等称号。2021年，蒋小玲把"朱兰庆名小吃"开到了游埠早茶街上，为老街带来了新的活力。

"穿着旗袍在老街上走秀""和店员一起打扫店铺，制作美食""逛老街的店铺"，古镇上的日常生活都被蒋小玲拍成有意思的小视频上传至抖音。不仅自己拍，她还带动整条早茶街上的人一起拍。抖音吸引了不少网友前来打卡。

早茶、名小吃、网红带动了游埠老街的人气，也带火了周边的传统店铺。

非遗店铺大都集中在中山街上，有给红烛点金字儿的、有编制竹器的、有给人剃头刮须的，还有制杆秤的。制杆秤的老师傅胡招福已经88岁了，他12岁时开始传承祖辈留下来的这门技艺。

各家铺子里不少摆设和用具都有着年份的沉淀，木板墙上挂着一二幅摄影师定格下的美好瞬间。

如今，越来越多的游客，跟着摄影师的镜头，走进游埠镇，探寻这座千年古镇的历史积淀和文化传承。而游埠也在积极拓展各类文旅项目，聚焦文旅融合，做美风情小镇，建设古韵游埠。

2019年，游埠镇成立了兰溪首个乡镇旅游办公室，并与上海同济大学国家历史文化名城研究中心合作，开展游埠历史文化名镇保护与发展

规划，充分挖掘游埠文化基因。

"浙江发展与影像创作"中青年摄影人才研修班、中式水上婚礼、"静山故里，故事很老，漫步游埠，时光不老"怀旧之旅、"郎静山杯"全国摄影大赛……千年古镇好戏连台。

2020年，游埠镇被列入浙江省文化和旅游厅第四批省级旅游风情小镇创建名单。同年，游埠古镇景区顺利通过国家4A级旅游景区景观质量评审，并获评浙江省特色风情小镇。2021年1月，游埠镇荣获浙江特色美食小镇（游埠早茶）称号。

"下一步，我们将加速推进摄影小镇建设，加快诗路钱江石文化展览馆、倩女幽魂次文化文创园、古董相机展览馆二期等项目进度。通过'引衢入游'，疏通恢复河道，让游埠古溪活起来，为'文旅兴兰'战略贡献更多游埠力量。"徐慧斌说。

衢 州

QU ZHOU

柯城七里乡：乡村游助力七里乡香飘千里

钟 新

七里乡地处浙江省衢州市区西北部，属柯城区，是一个纯山区乡，辖区域内平均海拔650米，森林覆盖率达98%，依山傍水、山高谷深、空气凉爽。自2005年七里乡开办第一家农家乐以来，截至目前，七里乡有257家农家乐、民宿，其中星级民宿29家，并且2014年全乡域范围内打造的乡村休闲旅游景区——桃源七里景区完成国家4A级景区评定验收，成为全省首个全乡域打造的国家4A级乡村旅游主题景区。七里乡先后被授予"中国年度休闲养生度假胜地""全国环境优美乡""浙江省卫生乡镇""浙江省文明乡镇""浙江省旅游风情小镇"等称号。

湍急的溪流、篱前的绿树白花、空气中浮动的郁香。席慕蓉短诗《七里香》读来仿佛一幅自然画卷徐徐展开，令人折服。而现在，这首小诗描绘的美景在现实里找到了真实的对应，它就是七里乡。

七里乡是一座隐藏于衢州市区西北部大山深处的乡村，远离纷繁复杂的现代社会，犹如世外桃源，故七里乡又有个好听的名字——桃源七里。

这里的森林覆盖率达98%，山峦叠翠，清凉怡人，杨木、黄连等植物群落分布其中，红豆杉、香榧、银杏等珍稀树种密集生长，林间有万亩毛竹，竹影摇曳，置身其中，恍若人间仙境，让人心旷神怡。

小镇平均海拔650米，有千米以上山峰15座，地貌构造形态多样，拥有峰峦、石林、溶洞、溪流、瀑布等景观，呈现出典型的小气候、原生态的郊野山林风光，素有"浙西小九寨，清凉休闲谷"之称。

小镇有多处保存完好的遗址遗迹，如大头古宅、七里古道、三仙桥、古炮台遗址等，古宅沧桑，古道悠长，古桥淳厚，古炮台肃穆，带给游人极高的观赏与探索体验。

如今，来自各地的游客在这里"春赏五色芳菲，夏嬉香溪碧水，秋探清幽奇洞，冬观漫山彩叶"，七里乡仿佛一簇小而繁茂的七里香花，乍看不起眼，但人们一旦靠近，就会被它醉人的芬芳所俘获。

前调：污染倒逼山村转型　农家创业真香警告

现任七里乡黄土岭村支书的罗太良是土生土长的七里乡人，也是七里乡转型发展的亲历者，看着窗外掩映在绿树红花里的一栋栋民居，听着带有各地口音的交谈话语，罗太良说起了30年前七里乡截然不同的情况。

当年，七里乡因为山区道路不便，居民并没有把这些得天独厚的自然资源视作大自然的馈赠，而是视作隔断与外界交流的屏障。七里乡成了信息闭塞、生产落后之地，七里乡的黄土岭村常年没有一辆小车进入，更别说什么外来人员。

七里乡多竹，在20世纪90年代时，利用山区盛产的毛竹资源土法造纸是当地唯一的产业，当时家家户户都有一个竹料腌塘，污水直排石梁溪，6家造纸厂沿溪而建，排放的废盐酸、废石灰顺着溪流污染了整个乡镇水域。

"那时候整个溪流都是黄黄的，连鸭子下水之后再上来全身都是黄的，我们洗衣服、洗手根本不能在溪里洗！"罗太良说。

当时罗太良家中就有3口竹料腌塘，每次腌竹料时，需要放入5000千克的石灰，把满满一塘的毛竹泡上一个半月，而腌制用过的石灰水就全部直接排入溪流。这样的腌塘，全乡有1423口。

2001年，七里乡划归衢州柯城区，区政府便下决心开启当地的转型之路，先是完成了道路硬化工程，让进山不再艰难，也拓宽了村民的眼界。

2005年，在区、乡两级政府的引导和村干部的带头下，七里乡转变发展理念，毅然关停了造纸厂，并花大力气治理水源，加之彼时农家乐逐渐在全国升温，当地政府开始号召村民利用山区的自然环境优势兴办农家乐。

"起初，老百姓都不相信这山沟沟还能引来游客，大多数人都持观望态度，只有我们党员干部带头先干。"罗太良回忆道。当时他是全村第一个带头"吃螃蟹"的人。

当时"五一"期间，罗太良家的农家乐开业了。"我们准备了一星期的食材，没想到第一天就全部吃完了。"罗太良回忆道。于是村民们纷纷带着"真香警告"转头开起了农家乐。

如今的七里乡已有219家农家乐，23家民宿，4300张床位，2019年共接待游客87万人次，2020年人均年收入超5万元，黄土岭村全村经营

性收入达到了2000多万元。

"每年的七八月份,店里几乎是场场爆满,床位也早早被预订完了。"冬竹农庄老板郑金良告诉记者,农庄现在一年保守利润有30多万元,这在从前是想都不敢想的。

更令当地人兴奋的是,因为名声渐盛,七里乡的游客来源也越发多样化,从过去以衢州、金华为主到现在上海、杭州来的客人越来越多,每天从上海来的旅游大巴有20辆左右,黄土岭村也被称为"上海村"。

七里乡从十几年前衢州柯城区最穷的乡镇变成了现在远近闻名的避暑胜地,村民的钱包鼓了,日子也越过越好。

中味:全域景区升级打造　政府助力香飘千里

看着乡里的农家乐办得如火如荼,乡政府自然喜上眉梢。随着游客的持续增多,七里乡开始思考如何让全乡的居民共享旅游带来的红利。

2011年初,时任浙江省委常委、组织部部长的蔡奇到七里乡调研,提出打造景区建议,围绕"环境更好、农民更富"的要求,实现"桃源七里、香飘千里"的目标。

桃源七里景区的创建被正式排上日程,虽然当时"全域旅游"的概念还没有提出,但七里乡政府有意识地模糊乡域和景区的分界线,以公路和七里香溪为纽带,将各村零散的景点连点成线,多线成面,打造全乡域的乡村休闲旅游景区,而且景区"全开放、免门票",游客可以登山健身、竹林观光、采摘高山蔬菜,也可以在街头巷尾穿行,感受当地人的生活。

桃源七里景区于2014年5月通过国家4A级景区评定验收,成为全省首个全乡域打造的国家4A级乡村旅游主题景区。

随着景区的建成,七里乡全域的环境整治提升也刻不容缓。2016年,七里乡政府打响了一场乡镇环境综合整治的战役,党委、政府建立专门组织机构,制订任务书、时间表、作战图,明确阶段目标、重点任务和实

施步骤。

"老房子是几代人的记忆,这些老房子保留下来以后,可以说是留住了乡愁,留住了记忆。"七里乡组织委员卫萌萌说。当地对40余幢老房子进行保护性改造,将古建筑的外立面改造为白墙黑瓦,内部"修旧如旧"。

七里乡政府又完善基础设施,改造沿墙外立面,提升绿化景观,整个小镇的面貌焕然一新。随后当地又陆续开展了"五水共治""四边三化""三改一拆"等工作,七里乡的环境更上一层楼。

七里乡党委副书记、乡长吴晓庚说:"七里乡以景区提升为'杠杆',积极撬动桃源村及其他村庄的基础设施提升工作,真正推进高质量发展,实现共同富裕。"

小镇变美了，如火如荼的农家乐却因为对生态环境破坏大而与生态发展格格不入起来，尤其是随着游客增加，七里乡的环境压力越来越大。

七里乡前任乡长许振宇透露，2015年之前，七里乡要投入100万元来处理垃圾，尤其是餐厨垃圾，如果继续按这种粗放地增加床位数和接待人数的方式发展旅游业，七里乡很快会出现生态承载能力超载的情况，所以从2015年起，七里乡对农家乐产业进行转型升级。

"我们当时的思路就是'保护、规范、提升'。"许振宇说。2015年，七里乡购入了一套厨余垃圾处理设施，厨余垃圾不再像以前一样需要统一外运，而是经过发酵等处理，变成有机肥，直接用于高山蔬菜种植。

为了提升农家乐的服务品质，经营农家乐的农户纷纷加入了柯城区农家乐协会。会长蔡建华告诉记者，针对农家乐经营中存在的问题，协会每年都会进行有针对性的培训，请来专业对口的老师讲授诸如烹饪、礼仪等课程。"培训每年都要进行，不然我们的服务就会落后。"

2020年，七里乡还出台了民宿提升发展三年行动计划，配套相关政策，助力民宿产业均衡发展。

核心调：农房改造创造新收　高端民宿引领发展

七里乡政府在新店自然村开发了"七里云舍"项目，计划打造一个集帐篷基地、稻田酒店、坡地酒店、特色SPA等休闲养生项目于一体的旅游综合体，带动周边闲置农房"活"起来。

新店自然村已有10多年未新建房屋，山脚下的40余幢农房都是泥房，大量农民进城，造成这些农房闲置。如何解决闲置农房和违建农房，避免资源浪费，成为当下农村迫切需要解决的问题。

2018年7月，七里乡政府与衢州国金公司签订协议，由国金公司支付乡政府租金，乡政府负责收储新店自然村的闲置农房，交由国金公司统一开发。2018年至今，乡政府共收储41幢农房，并把农户统一安置到了基础设施更为齐全、服务功能更为完善的新型农民集聚点。

国金公司在不改变老房子结构的基础上，对41幢农房进行整修开发，打造"七里云舍"精品民宿，民宿约有120多个房间、200多个床位，目前已经全部完成装修，正式对外营业。

"开发民宿对村民来说有很多好处，村里只要有劳动力的村民，国金公司就会优先雇佣他们从事装修工作，正式营业后还会雇佣部分村民负责民宿日常运营。"卫萌萌说。

在2019年旅游旺季，这批民宿已经接待了3批旅游团队。农房改造不仅仅给"七里云舍"带来经济上的创收，同时也给当地的村民创收，实现双方共赢。

"今后围绕打造七里乡'艺术村·音乐谷'，新店村还将引进民营资本，将部分农房改造成大师工作室、音乐艺术创作基地、研学基地、写生营地等，聚揽一批知名音乐家、画家、书法家等艺术大师入驻艺术村。"七里乡乡长项月明说。

除"农家屋"开发以

外，七里乡的发展还不断吸引外地民间资本入驻，也促使一些在外发展的本土资本"回流"。

曾为衢江太阳岛"岛主"的"手艺人"程明康，对七里乡一见钟情，斥资2000余万元、历时4个冬夏，建成"大山的房子"。建民宿于他而言，并非单纯追求经济效益，更是一种生活方式的选择。"在这里寄情山水，悠游自如、返璞归真。"

环境优、人气旺、政策好，是最好的招商引导。为确保民宿项目引得进、留得住，七里乡把"三服务"和"最多跑一次"贯穿于项目服务全过程，积极优化营商环境，出台了《七里乡民宿产业提升发展三年行动计划（2020—2022）》，对民宿投资发展给予有力的资金扶持政策。

民宿之间也形成了合力，组建民宿联盟，抱团发展正倒逼七里乡民宿提高服务质量。"上海那边每隔三天发一辆大巴车到七里，由七里的民宿分组接待，四家民宿为一组，包吃包住。"七里乡大头村党总支书记、村委会主任赖忠卿告诉记者。民宿联盟根据每位客人不同的需求，选择合适的民宿安排入住。"客人对这家民宿不满意就被引荐到另一家，直到满意为止，保证让客人到了七里乡就能留下来。"

目前，七里乡域内共有星级民宿29家，包括白金宿1家、银宿4家。其中2020年新增星级民宿7家，白金宿1家（抱山书院），银宿1家。2021年初以来，七里乡更是吸引外来民间资本1.16亿元，助推民宿产业"水涨船高"。在气候环境、区位交通、政策扶持等的加持下，七里乡越来越受外来民间资本的青睐。

尾调：文化旅游音乐体验　农文旅新模式开创

2020年的新冠肺炎疫情使得七里乡的整个旅游产业陷入了低迷，为了降低疫情带来的影响，七里乡政府根据七里乡的生态、养生优势和疫情期间人们会比平时更注重健康的心态，推出了"我在七里"系列活动。

首先,推出了"我在七里有间房"活动。乡政府推出的9.9元抵扣100元房费优惠券,通过统一七里乡民宿的房价,提升民宿、农家乐乡村旅游业产品黏性。

"听说能在七里'拥有一间房',我们就来了,果然价格很实惠!"来自姜家山乡的毛先生告诉记者,得知七里乡推出"我在七里有间房"的优惠活动后,与朋友一同过来游玩,在用了房费优惠券后,只花了228元便体验到了3星级民宿。

"'我在七里有间房'系列活动效果很好,尤其受年轻人的喜爱,五一期间客房爆满。"栖里惊鸿管家卢女士说。

接着,又趁热打铁推出"我在七里有块地"活动。各民宿、农家乐业主通过提供游客菜地的使用权,让游客亲身体验原生态高山蔬菜的种植过程。

"这些青菜是杭州的客人3月种下去的,五一已经回来采摘过一批了。"大头村祥云阁民宿外,整齐的菜地间,民宿负责人邱岳明正耐心地打理着各种蔬菜,准备打包发给周边的客户。

游客们游玩期间亲手种下高山有机蔬菜,后续的日常打理则由民宿负责,等蔬菜成熟,游客们来采摘。在邱岳明看来,这样的活动能吸引成批的回头客。

除了在住宿优惠、农业体验方面下功夫,七里乡还开发出新的研学路线,结合文化和旅游资源,助推七里乡乡村休闲旅游提升。

七里乡有着深厚的红色基因。在七里乡的杨坞烈士陵园,有一座红军墓,两位烈士长眠于此。据考证,园内安葬的两名红军烈士隶属于红军北上抗日先遣队,1934年自安徽往衢州方向转移,途经七里乡杨坞村开展革命活动时,两名红军遭当地伪保长纠集的反动武装偷袭,壮烈牺牲。反动政府将两位红军战士的头颅挂在城门口示众。知道消息的杨坞村村民愤慨不已,在夜晚趁着反动政府不注意时将两名红军战士的头颅偷了回来,并与尸体一起安葬。1991年10月,衢县民政局拨款把两名红军战士遗骨移至杨坞村棕树坞立碑纪念,缅怀先烈。杨坞烈士陵园见证了红军不怕牺牲、不畏艰险的革命精神,也见证了红军和当地村民深厚的鱼水情。

为纪念中国共产党建党100周年,七里乡党委、政府启动了杨坞烈士陵园修缮提升项目,通过红军墓的修缮提升、沿路红色氛围渲染、基础设施配套、革命纪念馆建设等工作,打造好杨坞红色景点。

"2021年,七里乡为建党一百周年献礼谋划了'七个百'活动,'重走百里红军路'就是系列活动之一,待杨坞红军墓修缮完成后我们将以杨坞红军墓为起点,沿红军北上抗日先遣队曾经走过的路将红色基因融入

各村,打造七里红色研学路线。"七里乡原党委书记杨勇说。

此外,七里乡政府积极引进时尚潮流元素,在群山环绕的衢州市柯城区七里乡,举办"桃源七里·山村音乐会",以青山为背景,用大地作舞台。夜幕下,璀璨的灯光、清新的空气、空灵的歌声,让不少游客和村民大呼过瘾。

"太惊喜了,想不到在山沟沟里还能这么热闹,在天然氧吧里看表演,简直是一种享受,七里乡变化太大了!"来自上海的游客吴冠英是七里乡的"老相识",几乎每年都来七里乡旅游,她在音乐会上感叹。

"七里乡是一个非常原生态的地方,像世外桃源一般。"声线酷似王菲、素有"神婆"之称的祁紫檀很是兴奋,一连演唱了包括《双生光》《放风筝》在内的多首代表作。

"我们要把山村音乐会打造成桃源七里的新'网红'。"桃源七里景区管委会负责人朱欣慰表示,通过举办山村音乐会,进一步拓展乡村休闲旅游内容,让不同年代的游客都"进得来""留得住",找回青春的记忆,领略世外桃源般的美景,进一步打响"桃源七里"景区品牌,全力推动柯城区乡村休闲旅游产业和全域旅游的发展。

廿八都古镇：文化赋能激活旅游资源

中新社 施 杭 童笑雨 童威楠

廿八都镇地处浙闽赣三省交界，是国家级历史文化名镇、国家4A级旅游景区。独特的区位、悠久的历史造就了廿八都古镇由屯兵重镇、繁华商埠向风情小镇的华丽蝶变。目前，全镇拥有保存完整、规模较大的古建筑民居、厅堂。古镇区3600多人口，却有13种方言，繁衍着142种姓氏。专家称其为"天然民俗博物馆"，文人誉其为"一个遗落在大山里的梦"。

黑白相间的马头墙、鹅卵石铺就的老街,行走在廿八都古镇,仿佛与那段老时光对话,回应你的是色泽如初的彩绘壁画、保存完好的木雕,这些都是明、清时期留下的原貌。

在古镇商业化浪潮如火如荼的当下,一座浙西南的小镇如何保持原生态和烟火气?

这要从一场长达20余年的"古镇保卫战"说起。

在廿八都镇浔里村村民徐忠英的记忆中,古镇的保护得追溯到1994年。那一年,刚结婚的她决定翻新老屋,并在自家牛棚的基础上,盖起一幢现代化的三层小楼,房子改造进行了一个多月,隔壁邻居也想要盖新房,却怎么也拿不到政府关于老屋改造的批复。

这个过程,持续了十来年。这与1991年廿八都镇被评为浙江省首批历史文化名镇有关。

当时廿八都镇政府决心在古建筑保护上做文章。徐忠英记得,那时候的保护还比较单一,只是敦促居民,不能私自拆卸古建筑构件,更不能私下贩卖,不能拆一所老房子,不能建一所新房子。

"当时大家都很不理解。每家每户孩子那么多,老房子不够住,为什么不让盖新房?阻力还是蛮大的。"没几年,徐忠英的这个疑惑就找到了答案。

1998年,时任浙江省政协副主席的陈文韶到廿八都镇考察,提出要做好廿八都的抢救性保护,把廿八都镇的经济与古镇文化开发结合起来。也正是在那一年,廿八都古镇正式启动保护开发。

"古镇开发,听起来和梦一样。现在游客没几个,就我们这个山沟沟里的小地方,随地能见到牛羊的粪便,能吸引更多游人吗?"徐忠英直言,当时的自己并不看好古镇保护开发。但对于廿八都镇而言,古镇保护开发,必须要动真格。

1997年,文昌阁被列为浙江省文物保护单位。1999年,浙江省文物

局拨款修复当地古建筑文昌宫。2000年,江山市将廿八都镇的东岳宫等28处古迹列为市级文物保护单位。

为保住"有古典味"的建筑,2001年,当地邀请知名古建专家仲德崑领衔编制保护规划,按照"修旧如旧"标准修缮古建筑群;同年,当地

修复了多处古民居门楼、阁楼。

将这份建筑风情保存完好，并非易事，需要久久为功。2007年，廿八都镇投入8000万元，启动一期保护性开发工程，对浔里村及花桥村的古建筑进行规整。经过1年多的改建，廿八都古镇景区在次年10月正式与游客见面。

在保护古建筑的同时，如何处理好人与房的冲突？为此，当地在老镇区对面建了新镇，转移核心区原住民230多户840余人，并投入近2千万元，提标改造集镇农贸市场，对国道、集镇新街、景区游线等区块300多幢房屋进行仿古改造，对枫岭路、浔里村主干道等道路进行白改黑改造，打造了古镇乡村风韵线。

接下来的10年，廿八都人依然没有懈怠。"当地的历史建筑大多为木结构，容易遭受风化、虫蛀、火灾等危害。"廿八都镇副镇长吴丽萍说。除了日常保洁与整理，镇里还制订《廿八都古镇保护管理实施意见》，明确消防安全、风貌保持等古镇保护各方面的职责分工，实现古镇"属地管理、部门联动"的高效保护管理机制。

留住了古建筑，是让廿八都人无比自豪的一件事。如今，从古镇大门进入，可见36幢民居、11幢公共建筑沿着枫溪铺展开来，构成了近2千米长的古街。农耕博物馆、北堡门、三品游击衙门、文昌宫、德春堂药店、东岳宫，都分布在长街周边。

从明代的官邸，到民国的宅院，保存完好的牛腿、雀替、橼栿、木刻、马头墙，以及洋烟、洋火盒、古钱币、发报机等兼具历史、艺术和文化价值的实物，高度反映了古镇当年的繁华。除了必要的装饰，大多数建筑都尽可能地保留为原始模样，鲜有新漆涂旧墙类的造作。

对于廿八都镇而言，保护和传承是创建旅游风情小镇的前提，全面整合方言、姓氏、民俗等多元文化资源，守护传承好历史建筑、人文风

俗，才是风情小镇"风情"二字的内涵所在。

如何让廿八都变得有"风情"？吴丽萍认为，得靠文化赋能。

她将这一步提炼为"做加法"。她说，为延续"有生活味"的古镇，在当时市财政并不宽裕的情况下，市政府毅然拿出当年财政总收入的九分之一，启动古镇保护与旅游开发一期项目，成功打造了"一口三线、七大节点和十三个陈列馆"的古镇景区游览格局。

为了保持"有生活味"，古镇绝大多数居民仍居住在古镇内。"这才是廿八都的特色。"徐忠英说。有了原居民，这个小镇自然而然地就拥有了那些传承千年的文化。

吴丽萍说，古镇居民至今守护着祖先遗留下来的对山歌、跳民舞、跑旱船、闹花灯、剪花纸、牵木偶、踩高跷、滑石头等民间艺术。2008年，廿八都镇被命名为中国民间文化艺术（山歌）之乡。

在徐忠英的记忆中，木偶戏一开唱，就是过年了。但随着游客越来越多，木偶戏也不再是春节的专属。每到节假日，在景区里最热闹的地方，游客都能欣赏到一出精彩的木偶戏。

行走在古街上，就能看到"隆兴斋""德春堂药膳"之类的农家乐，这些农家乐就开在古建筑里，甚至店的名号都还是老的。制作蓑衣的老人，还是坐在自己家临街的门房里穿针；还有杂货店、理发店、糕点店等，一如既往。

为打造"有民俗味"的古镇，廿八都率先发出《中国古镇文化保护廿八都宣言》，深入挖掘"军事、姓氏、方言、建筑"四大文化亮点，提炼廿八都"八大碗、两名点"特色餐饮，并引进村游村味坊，让游客"零距离"体验豆腐和山茶油制作。

因为历史和文化的加持，2019年，古镇年接待游客量已增至60余万人次，旅游总收入达4200余万元。"外乡人"武晓芳也吃到了这波"文化红利"。

2019年，她在当地开了一家高端民宿"归也·仙霞驿"。与当地一般民宿100—200元一晚的价格不同,"归也·仙霞驿"的房价均价在1000元左右。在居民看来,这个房价简直是疯狂。

真的会有人住吗?武晓芳给的答案是"会"!"我们这家店淡季入住率是40%,旺季的时候可以达到80%,甚至住满。"武晓芳说,客人大多来自上海、福建和浙江周边。"能获得游客青睐,这与廿八都独特的文化氛围相关。"

作为一个"移民小镇",廿八都与以往的"小桥流水人家"不同,它不仅拥有徽派的马头墙,还能体验各式民宿。

为吸引住游客,她在民宿的设计环节融入了诸多廿八都元素。如客房命名与仙霞古道的关口、重镇有关。一楼的"黄巢寨"就取自当年黄巢起义开辟仙霞古道这一史实。

暑假期间,她还准备根据廿八都数量众多的非物质文化遗产,来设计一些暑假课程,邀请非遗传承人担任老师,打造研学课程。

"归也·仙霞驿"的成功,是当地文化赋能旅游的一个缩影。

如浔里村就启动了浔里文茶街区项目建设,邀请上海万开文化创意有限公司美术工艺人员设计施工,帮助农户将房屋改造成茶室。为留住游客脚步,当地以枫溪十景为创作灵感,把每个茶室都建成景点。每户茶室都采取不同设计,突出剪纸、百家姓、方言、马头墙、铜锣糕、屯兵等廿八都特色,呈现不同风格。

对于古镇更深层次的文化布局,廿八都镇早有规划。

"我们要继承好文化融合这一传统优势。"吴丽萍说,廿八都计划于2021年下半年开发非遗一条街。到时候,不仅将廿八都的非物质文化遗产——蓑衣制作、木偶戏表演等传承人及其展馆迁入,还会邀请中国其他城市的非物质文化遗产传承人入驻,形成产业集聚,加强优秀文化的交流。

同时,还将推出"非遗+传统礼仪"的体验项目,让游客在饱览廿八都秀丽景色的同时,也接受传统文化的熏陶。因为建设非遗一条街,徐忠

英租了10余年的店铺被征用了。

虽然不能再卖铜锣糕了,但她并没有丝毫不舍。"这样就能专心做我的民宿生意了。"她把那幢于1994年建的房子,改成了民宿,每年都有20多万元的收入。在看了文化对古镇的融入后,她也跃跃欲试,想把当地的非遗文化,嫁接到民宿中。

但一个小镇,不能一味作古,它还得"潮"。如何在维护千年小镇的同时,不让它过分商业化?吴丽萍认为,还是得保持其原有的风格。

2014年10月,廿八都举办了第一个民谣音乐节。活动前期,通过浙江省内外十几个电视台选拔优秀的民谣歌手,来小镇唱与廿八都气质相符的民谣歌曲。

同时,廿八都镇还引入大量业态,发展养生游、体验游等特色旅游产品。如深化旅体融合发展,承办江山100国际越野跑、浮盖山漂流节、全

省定向锦标赛、山地马拉松、老年健步走等节会活动，成功引进廿八都微电影艺术小镇项目，吸引《斗香》《新西游记》等剧组来此取景拍摄，增强小镇旅游体验。

如今，人气越来越旺的小镇业态也正在悄悄地发生变化。但令吴丽萍苦恼的是，廿八都的名气有了，但游客年龄结构仍偏老龄化。他们的消费，仍是以跟团游为主。

如何吸引年轻人？这是未来廿八都要突破的方向，也是最重要的一步棋。

他们在积极探索，如积极招引太极湾江山驿休闲度假基地、岭上云间凤栖坞乡村度假酒店等亿元项目，加快打通景点连接通道，打响"住古镇、游三省"品牌。

同时，培育引进红庭酒吧、边城度假酒店等特色门店60多家，打造古色古香的慢生活街区。"没有丰富的夜生活，廿八都很难给游客一个留宿的理由。"吴丽萍说。当前廿八都晚上只有一家小规模酒吧营业，年轻游客面临着晚上没有地方可以玩的问题。未来，将计划开发古镇夜游经济，邀请专业团队对沿枫溪的岸堤进行打造，设计灯光效果，邀请新业态的商家入驻两岸，丰富游客的夜生活。

对于廿八都日后的发展定位，吴丽萍的畅想是一个慢生活古镇。这里将不仅仅是让游客游玩的景点，还是一个给都市人提供慢节奏生活方式的地方，是让人休闲、养生的场所，是让人回归内心，找到乡愁的地方。目前，廿八都镇共有各类农家乐、民宿140多家，接待游客床位数2100余张。"我们还将逐步提高民宿补助的标准，将扶持的重心偏移到高端民宿、酒店，让游客从'住下来'升级为'住得好'。"

花鸟乡"变形记":
从荒废渔村到"网红"微度假目的地

中新社 严 格 施 杭 江杨烨

花鸟乡,位于浙江省舟山市嵊泗列岛最北部。当地发挥离岛优势,通过还原1870年时特有的英伦风情,秉着"一岛一平台一公司"的模式,逐步探索生态、产业、民生三者融合发展和可持续发展之路,打造定制化离岛度假目的地,形成了"花鸟模式"。

多年来,花鸟乡坚持专业化、定制化、特色化发展。2019年,花鸟乡被评为"浙江省旅游风情小镇",成为海岛风情和文化的展示点、品质旅游的示范岛、全域旅游海生活示范区。

2013年房小伟刚来到花鸟岛的时候，这个浙江嵊泗列岛最北部的小岛上只有六七百个老人，没有年轻人，最年轻的人55岁。村里，传统业态都凋零了，渔民因为年纪大了无法打渔，只能在岛上钓钓鱼。岛上也没有加工业，没有其他任何产业。老人待在岛上，无非就是因为这是他们的故土，年轻人出去了，老人还依然守在这里。从建筑上看，当时岛上有一些部队留下来的废弃建筑和村民的老房子。街道上，除了小超市以外，没有任何的商业业态。公交车只有一辆，一天就开两趟。邮局、银行等单位也是半荒废的状态。除了周边是一片蓝海，岛上的树木景观保持得还算完善以外，里面其实就是一个传统的、即将荒废的渔村。

房小伟是漫居投资管理股份有限公司的总裁，长期从事旅游投资管理运营，他分析了现有的长三角旅游目的地现状，觉得长三角短假目的地旅游缺一片蓝海，海岛旅游是一个短板。

海岛旅游，海上交通是关键。当时，从沈家湾到岛上，途经嵊泗。从嵊泗到花鸟岛一天只有两班船，交通非常不便。

花鸟岛当时的环境虽然不尽如人意，但是房小伟觉得优势明显。一是一年中，花鸟岛的海水有200多天是蓝色的。二是花鸟岛树木景观比较完善。三是在地理位置方面，花鸟岛距离上海较近。四是当时长三角的短途旅游缺少海岛旅游目的地。房小伟希望用文化旅游的方式唤醒一个传统的、即将荒废的渔村。

8年过去了，房小伟的梦想变成了现实，如今每天来来往往的游客将这座沉寂了百年的小岛打造成了"网红"微度假目的地。

专业化："一岛一平台一公司"

2016年，当地的旅游投资公司和杭州漫居投资管理有限公司成立了混改平台公司，秉着"一岛一平台一公司"的模式开发花鸟乡。

平台公司既是一个轻资产的运营管理公司，也是一个旅游产品的投入开发公司。公司负责花鸟乡的整岛运营管理、招商业态布局、轻资产管理，还需要承担部分重资产投入。与此同时，当地政府则负责基础设施建设。

景区开发规划先行，这是房小伟最大的体会。她举例说，景区开发前期，由于对花鸟乡整岛的招商能力及市场的不确定性，当地进行开放性招商。2017年，花鸟乡引进了32家民宿。

当民宿建设完成进入后期运营以后，景区运营出现了问题。因为没有统一要求，32家民宿水平参差不齐。

"我们想出一系列的管理办法，推动民宿提升自己的品质。"房小伟介绍，如果最初能够做一个可行性的商业规划，如哪一类的民宿，做什么样气质的民宿，后期的工作会方便很多。

花鸟乡乡长袁方圆介绍，发现问题后，花鸟乡及时创新了民宿"纳规管理"模式，制定出台了《花鸟岛定制旅游民宿纳管标准》《花鸟旅游示范岛民宿等级划定标准》两个办法，对在岛民宿实行分类准入，倒逼民宿品质自我提升。

为确保民宿整体风格统一，花鸟乡在民宿发展过程中始终把保护村庄纹理不被破坏作为建设的核心主旨，不允许民宿重建、大规模改扩建、加层等。同时，鼓励发展小微型民宿综合体，要求业主在民宿改造上必须保持村庄整体的蓝白风格。

为避免民宿之间恶性竞争、打价格战，政府还规定：民宿不得在码头揽客、抢客，更不得宰客，而民宿业主们也约定了最低的客房价格：340元/天。

在其他业态方面，也出现了类似的情况。一条商业街曾出现了十几家烤鱼店，这让平台公司意识到，如果持续用这样的方式运营，花鸟乡将成为下一个传统景区，和初期规划相去甚远。

2018年，当地政府和平台公司在调研分析之后，确定了花鸟乡的定位，即艺术岛屿，相关业态产品都应围绕艺术去延伸。商业规划精细到花鸟乡的每一条街、每一幢房子的用途，商业规划十分具有可行性。

此外，花鸟乡还做了开发建设计划。花鸟乡整岛的承载力是3500人。按照承载力标准，当地推动基础设施建设，引进了垃圾处理设备等，提升花鸟乡生活垃圾减量化、资源化和无害化处理能力。由此一来，花鸟乡实现了零排放。房小伟介绍，未来花鸟乡还将创建无废岛。

环境和产品业态的可持续性发展一样，都是十分重要的。花鸟乡没有开发的时候，一栋民房一年租金5000元。2016—2017年，租一栋民房要10万元一年。房小伟介绍，从经营角度来讲，海岛旅游淡、旺季明显，上岛人数有限，如果租金过高是没办法持续地生存下去的。

如何解决这一矛盾？从2018年4月开始，花鸟乡决定由政府主导、旅游发展公司落实，搭建农房租赁平台，统一对岛上闲置农房进行租赁、签约和后续运营。通过租赁平台，目前花鸟乡每栋房屋平均租赁价格每

年约3万元。如此，大部分百姓可以受益，公司也可以筛选产品业态和项目品质，推动花鸟乡的运营不断优化。

定制化：海岛风情和文化展示点

夜幕降临，矗立在舟山群岛最北端花鸟乡的"远东第一灯塔"被点亮，光束冲破黑暗，为海上航行船只指引方向。

灯塔由英国人罗伯特·赫德建造，是第五批国家级文物保护单位。

1868年，担任大清海关总税务司职务的赫德发布第10号总税务司通札，向清政府建议在中国沿海修建灯塔等航标设施，清政府批准了赫德的建议。花鸟山灯塔就是修建于这一时期，于1870年建成使用，因其设备先进、规模巨大，被称为"远东第一灯塔"。

因为这样一段特别的历史，使得花鸟乡很早就有英国人进驻，也造就了花鸟乡上特别的异域文化和别样的英伦风情。

近年来，花鸟乡灯塔村开展全村整体开发的"到灯塔去"旅游项目。项目以"岛屿""花乡""灯塔""渔村"为卖点，把花鸟乡建设成为"高端定制化离岛度假目的地"。

花鸟乡乡长袁方圆介绍，当地构建了灯塔历史怀旧区、高端民宿度假区、南沙滨海活力区、北港渔村体验区、英伦风情文创区这五大区块，来进一步推动区域整体优化协调，增添离岛发展活力。

登上花鸟乡，只见浪击悬崖、清波银涛、树木葱郁、石矗山奇。一路上只有浑然一体的海天和隐没其间的民宿村舍，几乎看不到人工雕琢的痕迹。这里仍保持着原始海岛风貌。

来过岛上的游人都有这样一个体会：花鸟岛人气旺，却不拥挤和喧闹。这是因为当地通过定制旅游，控制上岛人数，倡导个性化旅游，保护生态资源，让旅游与民生相得益彰，住的人舒服，游的人舒畅。

在实施"定制旅游"提前预约的基础上，花鸟乡严格控制游客人数，灵活安排节假日海上交通班次，实施民宿预订游客分组分流管理，对进岛、离岛游客进行导流。

海岛公园"定制旅游"模式在环境承载有限的情况下，具有决定性的意义。袁方圆认为，"定制旅游"模式吸引了长三角新中产阶级这一主打目标客群。

配合"定制旅游"模式，当地推行管家式旅行服务，采用预约式配置，根据游客实际需求和产品选择，为游客提供个性化的服务，提升游客满意度。有了统一的调度，每家民宿都能分到一定数量、不同时段的"登岛船票"，民宿再根据手上的船票发布可预订的客房。

节假日花鸟乡坚持游客错峰进出，根据岛上公建配套和业态发展，严格控制每日进岛游客数量，为游客最大程度提供私享化空间，大大降低了环境超负荷运转风险。

特色化：安居乐业守护共同家园

在嵊泗县花鸟乡上的中心地带，一个名为"老兵之家"的旅舍，声名远播。旅舍主人叶祝芳是全国拥军模范，也曾当过花鸟乡乡镇干部。

"老兵之家"原先是1870年英国人修建灯塔时修建的避暑房。前几年，很多退伍老兵回到岛上怀旧，但那时候岛上还没有供游客吃住的地方。为了方便老兵住宿，叶祝芳就自掏腰包，对曾经的避暑房进行了改造，共设置了5个房间和2个餐厅，专门用于接待老兵。

花鸟乡定制旅游开发后，不少游客来到岛上旅游，但"老兵之家"对老兵住宿免费的承诺依然没变，对普通游客的收费也不高。"我的梦想是打造好'老兵之家'，让所有老兵在我这里有回家的感觉。"被大家亲切地称为"老叶"的叶祝芳说，他要将'老兵之家'改造成具有军旅特色的民宿。

花鸟乡以"老兵之家"彰显军民鱼水深情，并由此延伸出"爱家、恋家、守家、回家"的家文化，积极引导全民参与，努力实现群众安居乐业、普惠共享，让岛民有更多的获得感。

花鸟乡实施了中青年"乐业工程"，积极引导本地群众参与民宿、餐饮、渔家乐、商贸零售、手作等产业，提升造血功能，凸显产业的富民效应。

目前，花鸟乡已吸引了本土和外地青年人才的进驻，他们打造了自己的特色民宿，岛上的民宿由2013年的5家增加到了目前的60家。春节来临的时候，人口流入多达1000人次。

花鸟乡实施了长者"乐龄工程"，建立了"乐龄幸福公社"，不仅以低廉的价格提供了托管照料、送餐服务，还把公社打造成集同堂会、影院、作坊、学堂、康疗等于一体的公共休闲平台，吸引全乡的老人到这里共享幸福生活，构建整岛乐龄幸福圈。

乐龄幸福公社的建立使老年人的夕阳生活更加丰富多彩，75周岁以上的老人680元/月可全托照料，老人们还可在公社休闲娱乐，享受更加幸福的生活。

安逸的晚年生活使他们更愿意"老有所为"，积极参与到花鸟乡的低碳环保、手工制作等活动当中，一些经验丰富的老人组织传统手工艺的学习制作，让传统文化传承下去，并助推海岛旅游，实现老人们的自我价值。

青年人有期待，老年人有依靠，游客才有体验。

袁方圆认为，在特色化方面，强化主题IP属性也是花鸟乡成功的秘诀之一。

花鸟乡打造了中国第一个以艺术为主题定位的海岛旅游和休闲目的地，以"百年灯塔，艺术花鸟"为形象定位，以嵊泗县"离岛·微城·慢生活"主题形象中"最慢的生活"为切入点，不断在花鸟岛植入艺术元素，如公共雕塑、艺术宿屋等，又落地各领域艺术家的设计作品、工作室、展览馆。花鸟乡逐渐被打造为集高端度假、艺术文创、时尚生活等功能于一体的定制化离岛微度假目的地。

当地积极举办灯塔艺术节等相关艺术类活动和展览，吸引各类艺术家驻岛创作，让花鸟岛成为高辨识度的标识性艺术海岛。

房小伟说，运营公司除了围绕艺术主题来做艺术节，还会开展一些小型的艺术活动。在业态方面，音乐酒吧等的品位也与艺术密切相关。经过一段时间的沉淀以后，花鸟乡形成了整体的品牌形象。

花鸟岛以"百年灯塔，艺术花鸟"为形象定位，不断植入艺术元素，如张海舟艺术家工作室和《江南诗》诗刊工作室。同时，花鸟岛特邀中外艺术家举办"中国海岛·浙江舟山花鸟诗会"，并授牌"中国诗歌之岛"，提升岛屿的艺术气质。花鸟岛还吸引了诸多艺术家，吸引了《欢乐颂2》等影视制作团队。

"空心岛"正逐渐蜕变成青年岛、文艺岛、网红岛。

不可否认的是，海岛旅游淡、旺季明显。为此，发展四季均衡的旅游产品体系尤为重要。如今，花鸟乡正丰富以"玩海"为核心的夏季产品体系，逐步开发养生休闲、海鲜美食、运动娱乐、文化体验、生态旅游、节事旅游、特色商业、四季景观等四季旅游产品，结合淡季营销，试图突破季节局限。

此外，花鸟乡完善交通体系，打出主题岛屿游、主题村落游、主题跳岛游、主题海上低空游等特色主题产品，嵊泗县正在系统地铺出海岛旅游的"红地毯"。

房小伟认为,季节性是人为的、产品的问题。早年他们做过一个尝试,当时花鸟岛的配套没那么好,元旦特冷的天气做了"迎新年日出"活动,结果活动消息一曝出去,300多个名额不到一个礼拜就订满了。冬季在长三角,像团队建设活动往往想选新的地方去做。淡季的需求空间是有的,主要是能不能提供相关的服务产品。

海岛乡村旅游发展的"花鸟模式",为这个偏远海岛村打开共同富裕的大门提供了一把"金钥匙"。

近年来,花鸟岛旅游热度不断提升。2016年接待游客5000人次左右;2017年接待游客13000人次左右;2018年接待游客25000人次左右;2019年接待游客50000人次左右。2020年,在新冠肺炎疫情的影响下,花鸟岛还是保持了进岛游客数正增长。

2014年,花鸟岛开了第一家民宿,2016年,花鸟岛已有民宿32家。2020年,花鸟岛已有民宿64家,共接待游客50650人次,实现旅游营收7279.78万元。此外,花鸟岛还有40余家业态及海上服务产品,如三体帆船、跳岛游等。

目前,花鸟岛每天有5趟船班进出岛。2020年,花鸟岛还开通了从上海的金山飞花鸟岛的水上飞机。

2021年,新的码头、客运站、艺术馆、酒店等都将亮相,小岛慢城正在快速发展中。

不过让房小伟和袁方圆更为高兴的是,花鸟岛在外面的年轻人开始回来了,开民宿、当导游、做义工;岛上老人也不再孤独,早上起来钓钓鱼、挖挖螺,一天也能卖个三五百元,还可以从花鸟岛门票的收入获益;老百姓生活也更方便了,船班一天增加到五班,岛上原来只有一趟公交车,现在百姓可以随时乘坐旅游电瓶车。

一个即将荒废的渔村活了,火了。

台 州

TAI ZHOU

温岭石塘镇:"山海旅游"打通渔业小镇振兴路

中新社 谢盼盼 王题题 郑熠雯

石塘镇位于浙江省台州市温岭东南沿海,海岸线长达58.6千米,辖34个行政村,常住人口6.7万,是全国著名渔业乡镇、省渔业重镇,拥有国家一级渔港——石塘渔港。石塘依托阳光、石屋、沙滩、民俗等旅游资源,走出一条渔、工、贸、游联动发展之路,先后荣获首届"全国特色景观旅游名镇""中国十大特色名镇""浙江省民间民族艺术之乡"等称号。

石塘镇西北以石塘山为屏,三面环海,具有旖旎的海滨风光。镇中房屋、道路随地势升降而建,石屋、石街、石巷、石级错落有致,组成了一幅"屋咬山,山抱屋"的壮观景象。正因如此,石塘镇素有"东方巴黎圣母院"的美誉。

这里的每一块石头都有它的故事,每一株杂草都有它的风姿,比起江南很多被"小资化"的古镇,石塘更具生活的气息。你可以在清晨静候第一缕曙光;也可以赤脚漫步在洞下沙滩,聆听一段段历史回音;还可以在夏日午后,吹着海风,细看花开花落,静听雨打风吹……石塘还是台州最适合吃海鲜的地方,镇上的海鲜排档鳞次栉比,小网海鲜透着大海特有的味道,俘获食客们的鼻尖和味蕾。来到石塘,就准备好卸下一身疲惫,体味平静生活中简单的小美好。

石塘镇曾经是一个传统的海滨渔业小镇,渔业是当地的主要产业。近年来,石塘镇以加快转变经济发展方式为主线,立足自身资源优势,大力发展旅游文化创意产业,推动石塘经济社会跨越发展。

从原先的渔业小镇摇身一变,成为如今的旅游风情小镇,石塘镇经历了什么?

2012年,当地投资43.9亿元,开始打造石塘半岛旅游区。石塘镇依托曙光之地、金色沙滩、石塘石屋、海港鱼鲜、民间演艺等五大休闲度假资源,规划建设石塘半岛旅游度假区,逐步打造全国特色旅游景观名镇和浙江省旅游强镇。

回忆创建风情小镇前的石塘镇,该镇党委副书记、镇长毛永波深有体会。他坦言:"在刚开始创建风情小镇的时候,石塘镇的整体环境较差,尤其是一些农村区块,环境脏乱差,达不到旅游风景区的标准。"

同时,他还表示,"在环境整治初期是有阻力的,进度也不是很快。但是到2017、2018年的时候,我们下了决心,把整治区域划分成8个网格,由两套班子领导牵头一个网格,机关干部、村干部全部都配套进去,专门成立了一个工作组,逐家逐户地去做工作,清理环境。"

石塘镇粗沙头村就是当年的重点环境整治对象之一。庄小红是粗沙头村的村民委员会主任,2017年8月,正是环境整治工作进行得如火如荼的时候,粗沙头村支部书记出海打鱼了,庄小红就一个人带头扛起重责。

作为村党支部队伍的带头人,他身体力行,不辞劳苦。每天凌晨5点,天还蒙蒙亮,庄小红就起床了,他拿着工具前往整治地,和村干部、党员干部以及雇佣的10多名小工一起,抡起锄头加油干。"这些环境整治工作都是我力所能及的,苦点就苦点。村长不带头,村民怎么发动?"庄小红任劳任怨。

一个多月的大力整治环境工作,庄小红一下子瘦了13斤。"裤腰带的扣子位置都相差了两三格!"他笑着说。

粗沙头村借力环境综合整治,道路变得整洁、门前屋后清清爽爽、违章建筑不见踪影,卫生环境有了很大的改善,这也为该村的乡村旅游发展铺下良好的基石。

"一开始的时候老百姓在骂,在埋怨,过了一段时间以后他们主动地配合,完成了以后老百姓给我们点赞。"庄小红心满意足。老百姓们从一开始的不理解到最后支持,令领导干部们倍感欣慰。

"接下来,我们将继续坚持政府引领搭好框架,市场运作推动项目落地,把石塘镇打造成为集'滨海休闲、风情度假、文化体验、运动拓展、主题游乐'等多种元素于一体的旅游度假风情小镇。"毛永波表示。

环境卫生改善后,石塘镇独特的旅游资源优势就被凸显出来。

石塘镇最具特色的旅游资源,当属石屋。这些石屋多为清末民初建成,现留存19000多间,形成风格迥异的石屋群。清代举人陈策三有诗云,"层层房屋鱼鳞叠,半依山腰半海滨",印证着石屋的古老。

为了保护石屋,当地政府专门出台了《石屋保护管理办法》《石屋保护开发利用规划》等文件,在保护的基础上,利用石屋资源吸引外来投

资,建设民宿村落,带动文化休闲产业发展。

陈斌是石塘最早的一批民宿经营者之一。短短5年间,他先后在村里建起了3处各具特色的石屋民宿:走高端商务路线的"奢野一宅",独门别院、适合团建的"静沁苑",田园气息、亲子风格的"流水人家"。

2014年夏天,回乡散心的陈斌来到石塘金沙滩游泳,无意中发现了岸边山上的这片石屋——依山傍海,一隅静好。可当爬上山,眼前的景象却令他痛心:村落已荒,徒留老屋。心怀"面朝大海、春暖花开"的田园梦,陈斌决心改变这一切。

2014年下半年起,他找到石屋主人,一家一家谈。以每月300元的价格租下了五六十间老房子,并请来设计师团队,进行精心设计。很快,本地人、外地人蜂拥而入,石屋的月租金一涨再涨,从最初的300元飙升至3000元。

逐渐地,越来越多像陈斌这样有乡土情结的人,加入经营民宿的行列。他们在保护石屋的基础上进行目标明确、特色鲜明的民宿开发。短短几年，石塘镇民宿经济蓬勃发展。

目前，石塘镇共有石屋民宿45家，房间数556间，床位数892张。2020年，民宿共接待游客28万人次，营业收入1.2亿元。

"民宿这一块我们打算规范提升，要适当地控制，不能让它过滥。把民宿和农家乐分开来做，一个是高端的，一个是相对平民一点的，来满足游客们不同的消费需求。"毛永波对民宿产业未来的发展有着明确的规划。

当然，要想充分开发石塘的旅游产业，光靠石屋民宿是不够的，高级酒店、商业综合体等旅游配套设施也必须跟上脚步。

"我们正在打造一个五星级酒店和一个四星级酒店的项目，这两个酒店项目完成以后，石塘的整个旅游接待能力将会大幅提升，为之后大型活动的开展做好准备。"毛永波信心满满，"为了解决配套设施不足的

问题,我们专门在黄金地段推出了一个占地13亩的商业地块,和五星级酒店连在一起,让游客们有地方消费、有地方玩,还能够品尝到石塘的美食。"

目前,石塘镇还在争创金沙滩—曙光园4A级景区,逐步朝着国家级旅游度假区的目标迈进。面对此前旅游业态配套设施不足的问题,石塘镇在完善旅游业态配套设施的建设方面也是颇费心思。

据悉,该镇通过引进户外运动,满足游客购物需求等方面,不断丰满旅游业态;通过健康、休闲产业的发展,解决此前存在的"好山好水好无聊"的问题;通过改变营销策略,借助工会疗休养、亲子游、半月论坛等活动,充分利用好淡季旅游,解决石塘镇旅游原先淡、旺季"冰火两重天"的局面,促成石塘镇旅游"月月红、季季红"。

如果说,旅游硬件的跟进是石塘镇创建旅游风情小镇的热身运动,那么旖旎的海滨风光和浸入血脉的海洋文化,就是石塘镇旅游业持续发展的永恒动力。

石塘镇的先民大多自闽南迁徙而来,与多种文化交融渗透,由此形成了渔村独特的乡土文化。如今,在当地政府的推动下,石塘镇聚焦文旅融合,让百年遗存的海洋文化特色优势得到了充分发挥。比如,入选国家级非物质文化遗产名录的温岭大奏鼓,正跟随着时代的脚步,越奏越响。

大奏鼓被誉为"中国渔村第一舞",原是石塘镇元宵民俗,因为新千年曙光的照耀,成为元旦迎接新年曙光必备的庆祝活动。

80岁的陈德福是石塘镇里箬村渔民,也是温岭大奏鼓项目的国家级非物质文化遗产代表性项目代表性传承人,其父陈兆凤就是著名的鼓手,陈德福喜欢跳大奏鼓也是受到了父亲的影响。

"我十几岁时就看过大奏鼓,当时我们叫它'哏噔敲','大奏鼓'是后来陈其胜给它起的名字。早先的时候,鼓没有现在这么大,是放在一个鼓架上的,表演时的服装也和现在的不一样,衣裳是很大的,衫袖也很大,服装颜色是蓝色的,没有现在的鱼的图案。那个时候,大奏鼓只有元宵节扛台阁时才跳，闲时是没有的。"陈德福回忆说，"我三十几岁时，大奏鼓曾经停过一段时间。20世纪70年代末，大奏鼓又跳起来了。"

40多年前的一次元宵扛台阁活动，令陈德福一家印象深刻。"我的大儿子陈祥玉今年56岁，那个时候，他只有十几岁，我老爸参与敲鼓，我也参加了，我的两个儿子手牵手跟在队伍中，我们一家三代都参加了那次活动。"

那次活动以后，陈祥玉等村里的孩子们都喜欢上了大奏鼓，他们像大人一样，组织了一支嬉玩队伍。据陈德福的妻子回忆，陈祥玉的妹妹陈云琴坐在小椅上扮坐台阁，陈祥玉和小伙伴们则用洋镲、甑头当作乐器敲击，在里箸岙里转来转去，老鼓手陈兆凤还常来指点他的孙子。第二年元宵节，他们几个组成了小台阁队，加入了大人们的扛台阁队伍。

"我的两个儿子陈祥玉、陈祥定，还有侄子陈祥勇，都会跳大奏鼓。我的孙子陈銮阳，今年16岁，也会跳大奏鼓。"算起来，陈德福一家也称得上是"大奏鼓之家"了。

元宵扛台阁跳大奏鼓活动恢复以后，通过文化工作者的参与，大奏鼓的影响力日渐扩大。1984年，中央电视台工作人员到石塘拍摄专题片

《渔村小叙》，就摄录了大奏鼓画面；1994年3月，温岭撤县设市庆祝大会上，60人表演大奏鼓，其规模是空前的，影响力也非常大。之后，大奏鼓还在曙光节、开渔节、渔民运动会、七夕小人节祭拜活动、大溪四月廿三庙会等节日庆典活动中亮相，它不再是限于元宵节扛台阁时的表演节目了。

大奏鼓经过了多年的传承，也发生了一些变化。"现在表演大奏鼓的大部分是年轻人，他们在表演时注重跳得高，动作幅度比以前大得多，节奏也加快了，所以现在一场大奏鼓跳下来要比以前吃力得多。"对于大奏鼓表演的变化，陈德福深有体会，"为了适应舞台，现在的大奏鼓表演也根据舞台艺术效果做了一些改变。"但是，不管怎么变化，陈德福还是一如年轻时那样，对大奏鼓表演充满热忱。

2009年，陈德福被评为"浙江省省级非物质文化遗产代表性项目传承人"。作为传承人，他切实担负起传承大奏鼓的责任来。温岭市职业技术学校、石塘中学、箬山小学等都请陈德福去教过大奏鼓，有时候，他教到晚上七八点钟才回箬山。

2018年，陈德福被评选为"国家级非物质文化遗产代表性项目代表性传承人"后，深感责任更重了，"我们一定要把原汁原味的大奏鼓，代代传承下去。"

值得一提的是，在当地政府和传承人的共同努力下，大奏鼓在石塘得到了一定程度的普及。大奏鼓课程已经推广到中小学的兴趣班，在当地，很多小孩子、学生都会跳大奏鼓，一个专门的大奏鼓基地也已经建成使用。大奏鼓不只是石塘历史文化的一隅，还将焕发出新时代的光芒。

热衷于传承石塘传统文化的，不只有老一辈的艺术家，还有热爱家乡文化的年轻人。

在石塘镇海滨村，有一个乌郎鼓工作室，负责人是个90后小伙，名叫曾悦华。作为土生土长的石塘人，曾悦华从小耳濡目染各种船模、小人偶、鲎壳画、台阁等制作技艺。看着制作这些手工艺品的前辈逐渐老去，曾悦华觉得是时候该承担起传承制作技术的任务了。几年来，曾悦华不断拜访前辈们，学习传统技艺。

现如今，曾悦华自己在不断学习的同时，也在积极地传承所学。每周，他都要前往小学和村文化礼堂，教孩子们简单的手工制作技艺。对于手工艺的传承，曾悦华有自己的坚持："我认为，做手工艺，传承的并不是作品本身，而是其中的历史与文化。比如，一样东西能保存下来，我在意的并不是它的物质价值，而是它的文化价值。"

传统民俗的传承与发扬为石塘带来的不仅是精神生活的富足，还有文化产业的繁荣。"一条龙"式的特色文化产业正在成型。以一些传统工艺工作室为代表，船模、海洋剪纸、水晶雕刻、海贝彩绘等工艺蓬勃发展。曙光节、元宵节、七夕节、美食节、开渔节也成了规模化、品牌化的精品节庆活动。

连续多年举办的石塘美食节活动，更成了"老饕"们的盛宴，"一龟一粽、两汤三面、三圆四粉、四羹五酒"的渔区美食，吸引了众多游客前

来品尝,为石塘镇带来丰厚的旅游收益。

从"养在深闺人不识"的"东海遗珠",到游客逐年翻番的"东海好望角",近年来,石塘镇发展日新月异,山海渔村15年美丽蝶变,换来的是环境慢慢改变,海水渐渐变蓝,海洋旅游业蓬勃兴起,大批渔民洗脚上岸,转产转业,吃上了"旅游饭""阳光饭"。石塘镇的海洋资源优势正一步步地转化为经济发展优势。

如今的石塘镇早已非当年的"曙光",用正午的阳光来形容是再恰当不过了。石塘镇党委书记叶晓珑对石塘镇未来的发展很有信心:"十四五时期,石塘镇将争当新时代'重要窗口'美丽名片,不断提升'曙光首照地、东海好望角'的美誉度和吸引力,实干建设全省海洋休闲度假旅游先行区。"

天台石梁镇：引唐诗风韵，打造云端诗境

中新社　谢盼盼　王题题　郑熠雯

石梁云端·唐诗小镇位于浙江省台州市天台山5A级景区的中心地带，小镇核心面积3平方千米，常住人口1500人。石梁镇建在云端之上，镇区海拔780米，终年藏于云雾之中，或驾于云端之上，常年气温比山下低5℃—7℃，是没有雾霾的天堂。石梁镇还是著名的"浙东唐诗之路"的终点，李白、杜甫、孟浩然、皮日休等著名诗人都曾在此留下不朽的诗篇。目前，石梁镇已获评省首批5A级景区镇，东有研学营地，南有天台山雪乐园，西有高端度假村、酒店，北有农家乐集聚村，"一心四区"格局基本呈现。

悠悠唐诗之路，归居云端石梁。远在1400年前的唐朝，无数诗人浩浩荡荡从长安出发，一路行游吟咏，到达诗人们最向往的天台山，沿途留下一条旖旎的"诗路"，这就是著名的"浙东唐诗之路"，石梁镇便是这条诗路的目的地。

谢灵运、李白、杜甫、白居易、孟浩然等文人骚客在这里寄情山水，寻幽咏怀；司马承祯隐居于此，禅修养性；王羲之在这里悟出了永字八法；徐霞客六次造访飞瀑奇观……这方神奇的山水，成为诗人们得意壮游、失意治愈的理想地，成为众多唐朝文人魂牵梦萦的诗与远方。

回溯历史，石梁与诗结缘，风光无限。然而，历经沧海桑田，石梁曾一度陷入城镇发展的阵痛之中——环境脏乱差，产业低散乱，落后的集镇设施，不仅留不住"山外人"，"山里人"也纷纷外出，门庭冷落车马稀。

转折，始于2016年5月的镇区环境综合整治；升级，始于2020年的美丽城镇建设样板镇创建。由浙江省建科建筑设计院、中国美院等组成的文化保护、绿化景观、立面整治"专家团"，一遍遍为小镇做规划设计，镇村党员干部带头参与整治。

"唐诗主题公园区块原本是我们镇区脏乱差、乱搭乱建最严重的一个区块。我们趁着小城镇环境综合整治的势头，出重拳、下猛药，成立镇区环境综合整治临时党支部，充分发挥'红色帮

帮团'作用,打破农村人情牵扯问题,党员干部齐动手、日夜不停抓推进,仅仅用了10天就完成了该地块所有政策处理工作,啃下了这块硬骨头。"石梁镇副镇长余启平回忆起环境综合整治时期的情形时说。

在风情小镇创建过程中,镇容镇貌得到进一步的提升。石梁镇以《天台县石梁云端·唐诗风情小镇创建规划》作为小镇战略性规划,依托"中正小学""美龄楼"等民国建筑遗存,按照轻民国风加禅意元素的格调,投资近800万元,对镇区所有建筑外立面进行统一改造,空调外机、屋顶水箱统一遮盖,门窗统一更换,达到整洁美观的效果。

如今,石梁镇已惊艳蜕变,漫步其中,只见白墙黛瓦,街道整洁,空中蛛网早已不见踪影,唐诗韵味潜入其中。

环境卫生的改善,也让石梁小镇有了更多的"触角"去感知唐诗文化。

近年来，石梁镇紧抓浙东唐诗之路建设的契机，植入"唐诗"元素，强化规划引领，挖掘文化内涵，彰显源头风情，积极打造现代化和合之城的诗画明珠。

依托唐诗文化核心，唐诗研学营地、唐诗星空露营地、唐诗拾遗馆等一大批文化产业项目在石梁镇落地生根。

台州首批研学营地——天台山智慧研学唐诗营地就落户于此。每年暑期，这里都会举办天台山石梁唐诗小镇避暑节，吸引全省各地众多的游客和学生，来小镇避暑纳凉、研学唐诗。

在习习凉风中，一首首唐诗吟诵拉开了避暑节的序幕。演员们以优美的诗句、特色的表演为现场观众营造了神奇浪漫的诗话境界，让大家一边纳凉避暑，一边学唐诗、品唐诗。

来自温州的叶恩泽是这期唐诗研学的学生，他说："我在这里和同学们玩得很高兴，可以学到很多唐诗，在这里学习氛围也很好，十分开心。"

"现在我们跟外地的一些研学机构合作，他们对我们的唐诗文化特别感兴趣。"天台山智慧研学唐诗营地负责人叶传伟介绍，"我觉得从小给孩子们灌输一些唐诗文化很有必要，希望他们在中国传统文化的氛围下长大。"目前，唐诗营地已接待了全省1万余人次的游客和学生。

除了纯粹的文化产业，住宿、餐饮行业也不甘示弱，纷纷积极融合唐诗文化。

石梁镇以通玄山居、唐诗文化主题民宿为试点，加快打造高端特色民宿集聚区；成立农家乐民宿发展联盟，围绕唐诗风情对菜品菜单、服务质量等进行提档升级。

当地充分挖掘养生文化资源，打造"十大山居"品牌民宿，开创民宿3.0时代，尝试跳脱传统民宿的概念，转而向"文宿"转化。"刚开始的时候，老百姓认为一晚上一两千的民宿消费太高端，没人住。所以我们就建议民宿按照不同档次打造，三四百、五六百、七八百、上千的都有，可以满足不同人群的消费需求。"谈到打造民宿的过程，石梁镇党委书记奚尊士记忆犹新,"镇区的几家升级版民宿开业后,生意非常好。2018年之前,石梁镇高质量的民宿一家都没有,游客不会住到我们这里来,现在变成一床难求。民宿成了村民的摇钱树,同时也带动了我们农产品的销售。"

太白酒楼是石梁风情小镇一家特色鲜明的农家乐。"我这个农家乐是2014年开始办起来的,那时候环境差,生意也不怎么好,收入只够过日子。这几年,镇里全面打造云端·唐诗小镇,路更宽了,镇区的环境更好了,游客也开始多起来。"太白酒楼老板金成东说,"去年,我就花了20余万元对自己的农家乐进行了升级,在环境改造中着重增加了唐诗元素,添加了唐诗菜单、唐诗互动游戏等特色的环节。自从环境改造提升后,来店里就餐的人越来越多,碰到旅游旺季基本天天爆满,收入比以前提高了30%左右。"

除此之外,石梁镇还注重打造自己的文化品牌。一方面谋划"唐诗溯源""寻佛问道"等各类云端旅游线路,通过"线上宣传+线下活动"的形式,推广唐诗小镇品牌。另一方面围绕"唐诗""和合"文化,研发"唐诗风情"创意旅游商品,并为小镇量身打造形象代言人"李小白",推出一批周边纪念品、手工艺品、农副产品,深受大众的喜爱。

通过诗词之镇的创建,石梁镇逐步形成了"处处有诗意、人人了解诗"的浓厚氛围。

值得一提的是,2021年4月,中华诗词学会正式授予天台县石梁镇"中华诗词之镇"称号,石梁镇的漫漫诗路上又增添了浓墨重彩的一笔。

石梁镇创建风情小镇,不仅受到唐诗文化的浸润,还得益于其先天的优势。

建在云端之上的石梁镇,宛若天宫仙女,"绝世而独立"。石梁镇区海拔780米,是省内海拔最高的建制镇之一,常年气温比山下低5℃—7℃,没有雾霾,天蓝水绿,是夏日避暑的好去处。石梁镇森林覆盖率达86%以上,空气质量好,是天然氧吧;石梁镇作为国家5A级旅游区,怪

石、飞瀑、雾凇、奇花天下卓绝；天台山的主要宫观庙宇，如珍珠般散落在镇区周边，形成以小镇为中心，"东山佛国、西山道场"的独特人文奇观；独特的地理环境，造就了小镇丰富的物产资源，名贵特产遍布其中，特色餐饮风味独特。

在奚尊士看来，石梁镇的持续发展不仅需要环境的提升、文化的重塑，更要有产业的培育、集聚和城镇功能的彰显。

2021年，台州首个综合性冰雪主题乐园——天台山雪乐园正式建成开园，这是目前华东地区单体投资规模最大的室内滑雪场，实至名归云顶之上的冰雪仙境。项目占地面积79.4亩，计划总投资7.2亿元，是一个集滑雪、娱乐、培训、研学、亲子旅游于一体的综合性四季冰雪乐园。

"零下5℃的冰雪激情，26℃的穿街凉风——避暑胜地石梁镇为你打开夏天的正确模式。"7月3日晚，天台县石梁镇天台山雪乐园广场上，凉风习习，人声鼎沸。第十三届天台山避暑节暨首届天台山冰雪运动节热

闹开幕,石梁镇镇长蒋挺向游客们发出"清凉邀请"。

一开园,这里就吸引了不少游客前来参观、滑雪、戏雪。雪乐园还推出了夜滑票,不少爱好者前来"打卡"。"第一次体验夜滑,既消暑又好玩。"在雪乐园内,滑雪爱好者奚青青说。

"自5月开业以来,天台山雪乐园已接待游客3万余人次。依托石梁镇得天独厚的自然人文资源禀赋,我们对其发展前景充满信心。"天台山雪乐园总经理杨扬介绍。

在引进新业态方面,除了冰雪乐园的打造,天台山嘉助酒店的落户也是一项大工程。

天台山嘉助酒店是国际知名品牌——日本星野集团在中国大陆运营的第一家高端酒店。对石梁镇来说,当初引进这家酒店可是面临着不小的挑战。"一开始大家都认为这是不可能的,因为星野集团是日本很有名的度假酒店经营企业,但在日本境外的酒店很少,一家在夏威夷,一家在巴厘岛,还有一家在我国台湾地区的台中。要想把它引进到我们一个山区乡镇,难度很大。"奚尊士回想起引进初期的困难时说,"后来我们挖掘了自己的文化优势。首先,天台国清寺是日本天台宗的祖亭。其次,我们把天台山嘉助酒店定义为一个禅意的度假酒店。最终,这些文化定位得到了日本星野集团充分的肯定,他们下定决心把酒店落户在这里,成为星野集团在日本境外第四家、中国大陆第一家酒店。这项新业态的引进让我印象深刻,把不可能的事情变成了可能。"

天台山雪乐园和天台山嘉助酒店,这两个"一动一静"、总投资超10亿元的诗路大花园建设中的省级重点文旅项目,已在石梁镇风生水起,为石梁镇全域旅游发展带来红利。

目前,石梁镇已成功创建国家级卫生乡镇、浙江省第二批旅游风情小镇、浙江省诗词之乡,入选美丽浙江魅力示范点,获评省美丽城镇建设样板镇、省首批5A级景区镇、十佳网红避暑胜地等荣誉。

"下一步,我们将努力把云端·唐诗小镇打造成为一个集文化风情体验、休闲避暑、康体养生、户外运动、生态人居等功能于一体的浙东唐诗文化旅游标杆地、中国研学旅行示范营地、中国诗意旅居度假目的地。"奚尊士对石梁风情小镇的未来充满期待。

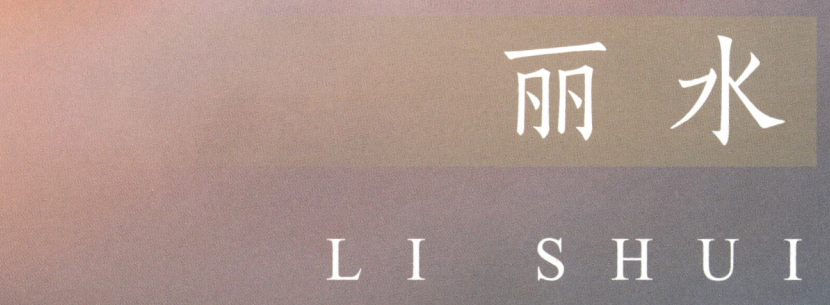

丽水
LI SHUI

遂昌县王村口镇：以"红色引擎"驱动发展的"文旅特色"之路

中新社 谢盼盼 王题题 祝思柔

王村口镇位于浙江省丽水市遂昌西南部，坐落在国家自然保护区——九龙山东麓，距离县城50多千米。这里是中国工农红军挺进师师部驻地和浙西南革命根据地中心地区，是粟裕大将和众多挺进师先烈的长眠之地，拥有月光山粟裕将军陵园、挺进师师部旧址、苏维埃政府旧址等王村口革命纪念建筑群。同时，先后被授予"国家级国防教育基地""浙江省5A级景区镇""浙江省红色旅游风情小镇""浙江省历史文化名镇""省级卫生乡镇"等荣誉称号。

王村口镇曾经是乌溪江畔偏隅一方的小山村，也是著名的革命老区。1935年，刘英、粟裕带领红军在王村口开展游击战，开辟了以王村口镇为中心的浙西南游击根据地，留下了诸多革命故事和革命遗址。

由于丰富的林业资源和便利的水运条件，王村口人民长期以砍伐树木为生；可到了2000年前后，随着木材资源的减少和国家对木材砍伐的限制，王村口失去了林业资源优势。

长期"野蛮生长"的王村口急需转型。

不能走破坏性的发展道路，为何不利用丰富的红色资源做文章？王村口镇前党委书记徐土生看到了小镇得天独厚的旅游发展条件，即深刻在王村口镇历史文化中的"红色基因"。可惜的是长期以来，王村口镇的红色旅游业一直面临着资源利用率低，还有同质化严重的问题。

为了与其他同类型的红色旅游城镇有所区分，打造极具王村口镇特色的红色品牌，王村口镇党委选择了构建培训高地的方式来激活镇里拥有的"红色资源"，以推动小镇旅游业的发展，而其抓手就是2017年打造的浙西南干部培训中心。

王村口镇浙西南干部培训中心副主任吕春和对培训中心的一切都很熟悉。据他介绍，在王村口镇转型之初，有关负责人志于打造的便是一个"红色文化精神高地"，而不仅仅是个"红色旅游基地"。"王村口镇有浓厚的独属于革命老区的'挺进精神'，这是我们最为宝贵的财富，我们王村口镇人也感到有义务将它发扬光大。"

为此，王村口镇借鉴了井冈山干部学院培训模式，于2017年开办了一个浙西南干部培训中心，借以带动整个王村口镇的红色旅游发展，并传播浙西南革命精神。

方向选定后，培训内容及培训中心的选址问题也让众人犯了难。

"由于另选场地成本太高，且我们想要培训中心深入到红色旧址群中，有个退休教师就建议将附近的闲置校舍改建。"吕春和表示，这样的选址，便于培训中心借助实体革命遗址发挥优势，打造沉浸式的红色教学氛围。

培训中心对"红色资源"的开发，在于通过革命历史场景、文物的再现，让参观者更直观、更生动地感受那段艰苦的革命岁月。最初，培训基地通过情景教学的方式，聘请了多名资深教官与老红军，带领学员们"重走红军路"，将12处革命遗迹旧址和展示现场转化为教学课堂。

然而，吕春和很快发现，虽然学员们学习热情高涨，却很难真正地投入到红色研学当中，体悟到红军革命精神。"特别是年纪尚小的学员，他们更多的还是将实地研学当作是参观游玩。"

转变开始于培训中心对"仪式教学"的强调，学员们被要求穿上红军服、佩戴红军帽、挎上红军包、裹上红袖套，亲身体验"搬运红军粮""制作红军餐""翻阅红军墙"的艰辛。

而在保存完好的天后宫、宏济桥、师部旧址、粟裕将军陵园等红色遗址处，"保卫战前动员""召开誓师大会""敬献花圈"等红色体验活动

也不断开展，帮助学员们更好地融入教学之中。

穿衣戴帽，动员誓师，看似只是一些仪式性的"符号"，但是能够帮助学员们真正地融入这个氛围中，让他们自觉严格要求自己。

培训中心不仅仅组织开展专题学习、专题培训、专题党课、专题论坛、专题宣讲等系列活动，同时，开展了丰富有趣的党史知识宣讲，走上街头，来到乌溪江畔，与前往王村口镇的游客们互动，寓学于乐、以乐促学，打造了"乌溪江畔学党史"的响亮品牌，加深了王村口镇红色文化旅游体验。

"我国开国第一将是谁？""粟裕！""当年王村口苏维埃政府驻地设在哪里？""蔡相庙！"每次宣讲下来，现场高涨的互动氛围和游客们饱满的学习热情总是给培训中心的讲师刘丹留下深刻的印象。

她分享说，王村口镇红色旅游的独特之处在于，它提供的不是走马观花的红色观光体验，而是更有深度的红色文化的传播和红色精神的熏陶。

近两年来，王村口镇不断提档升级浙西南干部培训中心软、硬件水平，新开发"浙闽红军古道"项目，完善白鹤尖红色点位基础设施，将23处红色点位进行数字化改造，纳入"智慧云地图"，开展红色氛围提升微改造项目。

通过以上措施，王村口镇开始在红色旅游基地之外承担更重要的角色，如"浙江省党史学习教育基地""省级首批党外知识分子思想教育基地"等，作为党史学习宣传阵地，收获了一批稳定的客源，全面提升了红色旅游经典景区的功能和品位。

随着景区的功能和品位提升，培训中心也越办越红火，王村口镇很快意识到周围的配套设施、景区也必须跟上。

借着省级红色旅游风情小镇创建契机，2018年初，王村口镇开展了"王村口1935"主题文旅街区复原项目。

"近年来，文化产业作为旅游小镇发展的热潮，也是王村口旅游发展的短板，而古街复原留下的巨大产业真空等待填补，古街上百废待兴，可以容纳更多的业态入驻其中。"在此反思的基础之上，徐土生认为，古街修整应与文化产业的发展需求结合起来，以达成不同业态的集聚效应，在互相推动中不断进步。

为了使古街上原有的红色遗址不显突兀，有关部门通过统一规划，确定了项目"复古还原"的风格。

在此基础上，该镇别出心裁地提出了"王村口1935"策划，志在以古街为串联，重现1935年红军挺进师进入该镇时的情景。

针对核心古街的还原，徐土生表示，街容街貌尚在其次，最主要的还是要还原当时的氛围。为此，王村口镇组织历史学家和民间学者，深度挖掘王村口镇红色历史，形成"清单式培训日程和方案"，旨在培育重现1935年的王村口古镇风貌。比如，在王村口苏维埃政府成立大会和粟裕演讲会场旧址宏济桥，推出"保卫战前动员"体验式项目；在红军挺进师八一誓师大会旧址天后宫，推出"红军大舞台"剧目展演……

不过，徐土生强调，红色古街的意蕴，更重要的还是需要靠当地居民共同携手打造。为了鼓励和引导本地居民、社会资本参与文旅街区运营管理，镇里专门成立了商会，出台了《文旅街区奖励扶持政策》，吸引了40余家传统特色小店进驻古街，其中三分之二的经营者是当地村民。

"村民开店，镇里不仅不收租金，每个月还有将近千元的补贴。"这使得"独门红军酒"老板毛建英提起文旅街便是赞不绝口。

除了自酿的红军酒，古街上各种承载了红色记忆的老物件、老手艺百花齐放，草鞋、竹篾、手工蓑衣、木槿花宴等，绽放出"老树新花"的瑰丽，让老区居民也走上了致富新路。

布艺手工艺人毛紫菊夫妻俩原先是戏班里的成员。"1986年下半年，因不想继续到处漂泊，我俩回家自己创业，在家人的建议下学习做布鞋。我们于是从一层层纳鞋底做起，开始了我们小家庭的创业梦。"毛紫菊家做的布鞋外形漂亮，且鞋底子耐磨，受到了乡村邻里的喜欢。

后来，王村口红色古镇的旅游风生水起，从杭州、上海、温州等地来的游客多了起来，他们来游玩时会购买一两双，纯属是对农村布鞋的好奇。不过随着农村生活水平的提高，穿布鞋的人越来越少了，毛紫菊的布鞋销路难免跌入低谷。

"王村口1935"古街项目让夫妻俩看到了希望："现在包含红色元素的店铺都聚集了起来，大家互相推销，我们的生意越来越好了。"他们把自己的房子整修了一下，经营起了"艄公客栈"农家乐，还邀请古镇上的文艺爱好者前来唱歌跳舞、演奏乐器以吸引更多的顾客，毛紫菊同时继续做手工布鞋，受到前来住宿用餐的客人的追捧。

此外，王村口文旅区还定期举办妈祖文化节、红色AR定向赛、红军古道越野赛、九龙过江舞端阳、啤酒音乐节、慈孝"快闪"等活动，展现小镇风情，丰富旅游体验。

如今，无论走在古镇的哪个角落，都能感受到这片土地厚重的红色

韵味。"我曾去过陕西延安和海南万泉河红色娘子军旧址,但印象最深刻的还是王村口。"一位上海游客这样说。

历来旅游小镇的交通问题是小镇发展的重中之重,而乌溪江一直以来是王村口镇的交通命脉。早在明代时期,王村口镇作为浙江、福建两省边境商品货物的集散地,主要依靠来往的船只、木排、竹排,承担着货品运输功能。1935—1938年,粟裕和刘英率领的中国工农红军挺进师在这里进行了3年的游击战争,木排和竹排又成了红军的交通工具。

方小龙从历史中看到了把交通工具与旅游产业结合起来的商机,他由此成立了王村口镇乌溪江红军漂流有限公司,开发了属于王村口镇独具特色的"红军漂流"。王村口镇乌溪江河段河水清澈见底,四周竹木青翠环绕,沿途怪石嶙峋,水流缓急相间,沿途青山、飞鸟、游鱼相伴,创造了绝佳的漂流环境。"几年经营下来,项目受到了广大游客的喜欢。夏天游客络绎不绝,每年可产生70万—80万元利润。"方小龙说。

据方小龙介绍,王村口镇的漂流项目如今已经比较成熟,但能提升的空间依旧很大。比如说,针对不同顾客的不同需求,他们策划推出了不同体验的漂流活动,如还原红军当年漂流体验的"红军漂"、追求惊险刺激的空中漂流等。"我的梦想就是希望通过一系列的'补短',能吸引更多的游客,让我们的王村口镇漂流更聚人心。"方小龙如是说。

随着"红军漂流"的运营逐渐步入正轨,一个新的问题也逐渐暴露出来。由于漂流终点处交通不便,且离"1935文旅区"有一段路程,导致了有许多游客考虑到交通问题选择了放弃参与漂流活动。方小龙为此积极构思对策,他将"红军漂流"的终点处转移到了新建的王村口镇至南尖岩景区通景公路附近,大大便利了漂流起始点的交通。

实际上王村口镇党委也注意到了王村口镇的旅游交通问题。随着51省道的开通,王村口红色古镇作为浙闽边境重要交通枢纽作用越来越明显,古镇的发展迎来了新的机遇。

因此,除王村口至4A景区南尖岩通景公路之外,镇干部还全力推进了王村口红色古镇3A景区、桥东历史文化村、革命旧址群等地的交通、

安防工程等项目建设,这一系列项目的实施,打通了王村口镇交通命脉,并做好了安全保障工作。

如今,这条耗资8400万元、耗时3年的旅游大动脉串联起了王村口镇的6个村,也串联起了遂昌县几大重要旅游景点,将众多至南尖岩等景区的游客引流至了王村口镇,给小镇输入了源源不断的客流量。

"希望通过我们全镇人民的共同努力,激活王村口镇的'红色资源',我们也真诚希望各界朋友到我们古镇来做客。"王村口镇党委书记姚路杨如此表示。

松阳四都乡:"空心村"到"网红村"的逆袭之路

中新社 施 杭 毛 瑜

四都乡地处浙江省丽水市松阳县城东北,距县城15千米。全乡总面积47平方千米,拥有平田、西坑、陈家铺、塘后和汤城等5个国家级传统村落,境内山峦叠翠,风景秀丽,气候宜人,是典型的"九山半水半分田"山区乡镇。全乡森林覆盖率达90.9%,每年200多天的云雾天气,堪比仙境,曾先后获评"浙江省4A级景区乡镇""浙江省旅游风情小镇""浙江省美丽乡村示范乡镇""浙江省休闲农业和乡村旅游融合发展示范乡镇""中国摄影艺术乡村"等称号。

雨后的松阳四都乡，云雾缭绕，若隐若现。在蜿蜒的山间道路上，一辆辆挂着沪A、沪B、浙A、浙C等车牌的车辆穿梭期间，为这深藏山林的乡村平添了几分热闹。

"这几年，四都乡依托独特的云雾古村资源，全乡统筹规划发展，构建了以平田村、西坑村、陈家铺村为核心的山居民宿空间布局，打造出了'云系列'民宿品牌。"松阳县四都乡党委书记蒋亚慰自豪地说，"如今来四都乡的上海、杭州、温州等地游客越来越多。2020年，我们全乡累计接待游客40余万人次，总营业收入3600余万元。"

然而，几年前的四都乡，因发展渠道单一、地理位置不佳而一度成为"空心村"。人走了，老屋空了，传统乡村的生机与韵味日渐凋敝……

濒临倒塌的老屋如何迎来新生

窗棂半朽，屋角生苔，墙粉剥落。2014年，从小在松阳小山村长大的85后姑娘叶大宝辞去在杭州的工作回到家乡，望着眼前破败的老屋，心痛不已："记忆中小时候的乡村非常热闹，但参加工作后每次回去，村里年轻人越来越少，老房子也一栋栋地逐渐残破倒塌了。"

彼时，松阳四都乡平田村的老支书江根法搬离老屋已10多年了，下山脱贫的政策让一半的农民离开破旧的黄泥房，住到了县城。松阳县境内有100多个格局完整的传统村落，占全县村落总数的四分之一，是华东地区传统村落数量最多、保存最完好的地方。"老房子是祖辈留下来的，那是家，不能没了。"江根法借松阳县加快古村落保护与发展工作之机，希望将村里祖传老旧房进行修缮改造，发展古村民宿业，不仅能够保护古村，还能带来村里的发展。

他的这一想法与叶大宝正好不谋而合。于是叶大宝加入旧房修缮改造项目中来。叶大宝回忆，修缮完毕的老屋后来就作为民宿对外开放了。

2015年底，由28幢闲置房及危房改建的"云上平田"民宿正式开业。在政府的支持下，清华大学副教授罗德胤团队对平田村进行了规划设计，28栋摇摇欲坠的老屋成了香港大学教授王维仁设计的四合院餐厅、中央美院何崴改造的爷爷家的青旅、哈佛大学毕业的徐甜甜改造的平田农耕馆……

平田农耕馆位于村口，北侧就是村祠堂，由于年久失修，房屋破损严重，对村口处的村庄形象影响较大。

规划团队将其作为公共文化区，展示平田村的农耕文化，并作为手工竹艺等的作坊，既是村民文化活动中心，又可以作为村里民宿开发的文化配套，兼具文化交流功能。

平田整个村落都是依着山势而建，定义为公共文化区的这片建筑也不例外。设计先从空间格局调整开始，两栋建筑都保留了原有的表皮肌理，不破坏村庄的原有形态，但又将建筑内部打开，形成了流畅的公共活动区域。

在整个改造过程中，从当地业主到施工队，都经历了从最初的不解质疑，到完工时的欣喜，以及对传统民居未来潜力充满信心的转变。

在云上平田，作为大管家的叶大宝并没有到处打广告，她举办写生比赛、摄影比赛、乡村音乐会，还请来当地的手工工匠，办起"农耕沙龙"。慕名而来的游客踩着高高低低的村道行走在黄墙黑瓦间，可以闻到面包坊里飘来的香味，也能透过奥地利学生的暑期设计瞥见灵动的山景……一场从"空心村"到"网红村"的逆袭如期而至。

而这一改变也在同是四都乡的西坑村发生。2014年，廖敏智、李超骏、潘敬平3位年轻人来到西坑村考察，一眼就爱上了这里的云，在此落脚并修建了网红民宿"过云山居"，民宿常年入住率在95%以上，常常一房难求。2015年底，在杭州做设计工作的沈军明和合伙人慕名而来，在西坑村遇到了用自家老屋经营"古道人家"农家乐的村民丁永长。双方一拍即合，决定合伙经营民宿。"第一次来到西坑村时，看到很多房子已经快要塌了，甚至有一幢房子只剩下两面墙，真的很可惜！"沈军明觉得在西坑村如此美丽的景色下是可以建出很好的作品来的。于是跟当地村庄本身肌符合的民宿——"云端觅境"应运而生。

沈军明与合伙人一起将散落在地的黄土重新利用，使用机械化整体夯制技术，并在墙中加入松阳特有的端午茶草药，打造了外立面古朴，内里极具设计感、穿越感的建筑群落。15间客房在保留了原有建筑土墙和原木的基础上，都力求达到最佳的观景效果和舒适的居住环境。民宿内一土墙、一原木悉数留存。

"现在，当地村民对于新事物的接受程度提高，对外思想也呈现出开放和包容的状态。"沈军明说，一开始因为与村民思想观念不一致，时常会发生各种冲突。但双方在相互理解中，关系越来越融洽。

"云端觅境"的到来，为乡村注入了新的活力，越来越多的游客前来"打卡"。与此同时，村民的思想也在悄悄地发生着变化。

嗅到商机的村民丁朝来看到来村里的游客多起来，便和妻子经营起农家乐。2016年4月，松阳县正式启动"拯救老屋行动"项目。2017年，

西坑村统一向村民流转一批老宅。听闻这一消息后，丁朝来主动找上门，开起了民宿。

四都乡通过对闲置民房的改造利用，打造了一批"有根的乡村民宿"。破旧老屋迎来新生。

老屋重生还激活了传统村落的农耕文化基因。2017年6月，"云上平田"与村民、村两委一同成立大荒田合作社，人工开荒荒废30余年的100多亩山地，并坚持不用农药、不用化肥、不用除草剂、不用转基因种子，最大限度地让作物自然生长。大荒田基地还成了大学生实训和观光体验基地。

"我们还引进了象限扎染工艺，成立云缬坊文创工作室，利用松阳茶乡资源做茶染文创产品。"叶大宝说，游客来这里可以亲自体验手工扎染。除了体验，2018年，叶大宝与松阳县农合联资产经营有限公司合作的农产品展示展销中心成立，这里汇聚了平田村、大荒田合作社和县里各类优质农产品。这不仅增加了村民收入，也为游客提供了"一站式购物"平台。

同时，老照片博物馆、乡村小剧场、乡村集市等一系列公共场所的设立，让平田村不仅仅是"民宿村"，还成为了乡村文化的展示平台。"2018年应该是四都乡发生改变最大的一年了。"叶大宝真切地感受到了乡村的改变。

改变让更多的社会资源涌向四都乡

王翎芳是台湾知名的国际旅游观察家、国际美食研究家，她与中国台湾纪录片独立导演徐尧鹏先生共同创建了"翎芳魔境"国际高端生活美学品牌。"翎芳魔境"以"微观臻美、内达智悟"为创业核心，以"激活大众独立美学思维、赋予大众美学生活能力"为愿景，致力于打造具有中国特色、国际化标准的生活美学模式，让更多具有生活美学追求的人享受美好生活。

2018年，王翎芳在好友罗德胤的邀请下，走进了松阳县四都乡。在了解到松阳县政府号召的"老屋保护计划"及"百名艺术家邀请驻村计划"后，王翎芳决定入驻四都乡平田村。2019年8月28日，"翎芳魔境"首个乡村美学产业集群在松阳县四都乡平田村正式揭牌落地。翎芳魔境美学产业集群是以国际美学赋能乡村文旅发展，提供乡村特色文旅发展解决方案。同时，"翎芳魔境"创始人徐尧鹏，联合国际知名影视设备厂商，总计投入价值150余万元国际先进影视器材，创建首个乡村影视美学基地。

王翎芳说，"翎芳魔境"进入乡村的初衷，是让中国的乡村国际化，让乡村的阿姨们在乡村舒适幸福地生活。"我们来到乡村不只是把我们认为的一个乡村应该有的美好和谐、幸福风貌带进乡村，同时我们也收获了乡村村民的关爱和启发。"

"翎芳魔境"乡村美学产业集群对大众免费开放，无论游客、村民都可以进入空间，欣赏松阳国际美学空间。王翎芳还针对民众开设了烘焙课程。在王翎芳的悉心教导下，几乎没有做过面食的鲍阿姨摇身一变，成了四都乡平田村第一位乡村烘焙师。王翎芳还专门为鲍阿姨开办了"鲍阿姨烘焙坊"，用松阳当地特色食材制作蛋糕、吐司、饼干等西点甜品。鲍阿姨成了烘焙坊老板，同时也成了网红，很多上海、杭州的客人专程赶来吃鲍阿姨制作的甜品。

在隔壁的陈家铺村，南京先锋书店将"平民书局"开到了这里，由知名建筑师张雷设计的两层木结构书局精致优雅。

老房子、旧格局，书香、木香沁人肺腑，两层楼高的木质书架上摆满书籍，别具一格的文创产品分布其间。店里还有提供咖啡简餐的茶座，一间竹木搭建的冥想室，推窗即是村落崖居。浙江最高书店、静谧乡村书店……这些特有"气质"让陈家铺平民书局妥妥成为网红"打卡点""文化新地标"。

书店入驻乡村,让没落古村从一处尘封秘境,变成书香润泽的宝地。开业后,诗人余秀华在这里分享新书;诗人陈东东、燎原、庞培、屠国平及海子胞弟在这里"致敬海子";诗人孙文波、梁小曼等人及众多丽水当地诗人前来举办松阳"三月三"诗会;作家阿乙带领先锋书店会员读书会游学团来访……

陈家铺平民书局开发了100多种具有松阳代表性的文化创意产品，也发挥自身力量帮助村民销售番薯干。2018年11月，90后山东姑娘立夏来到这里当店长。她更是与村民打成一片，受邀去农户家吃饭、送农户去医院就诊等暖心故事时常发生。"与村子、与村民走近了，我们也能获得更多"。

开业后，这里的销售额连年递增、甚至翻倍。2021年春节，外省游客不多，但这里一天的销售额也有2万多元，在先锋书店的16家分店中名列前茅。

越来越多民宿和文化行业的聚集，让寂静的乡村恢复了人气。罗德胤一语道出其中奥秘："外来资本过来投资，当地政府不仅会给予一部分政策优惠，而且不会过多干涉经营。投资者在保持乡村原有风貌不被破坏的前提下尽可以发挥想象力，这一点非常好地发动了社会资源。"

四都乡由藏在深闺的"秘境"走进大众视野，始于民宿，但没有止于民宿。

短短几年间，四都乡境内已发展民宿21家、床位333张、餐位1100

余位,带动农村劳动力800余人就业。全乡5个村都植入了民宿等多元经济业态,乡村人口也开始回流。

2020年,四都乡入选浙江省首批民宿(农家乐)助力乡村振兴改革试点。用"老屋＋工作室"模式,创新开展"百名艺术家入驻乡村计划",诗人陈东东、庞培等5名艺术家先后入驻。

四都乡党委书记蒋亚慰介绍,这几年四都乡还通过永不落幕的民俗文化节、当代艺术展推进了当地文化的持续发展,让传统手工、农事体验、四季祈福、"三团三社"、论坛展览等成为小镇的文化符号。"我们还成立了国内首家摄影主题休闲园四都寨头摄影休闲园,与全国30多个摄影协会签订了合作协议,共有800余幅有关四都的摄影作品在国内外摄影展上获奖。""笔尖下的松阳"全国著名作家采风、陈家铺"三月三"诗会、西坑国际乡村音乐节等更是成为四都乡打造"一村一品"文化旅游的品牌活动。

蒋亚慰表示,接下去将以村集体和农民"双增收"为主要目标,打造和提升精品山居民宿集聚区,进一步植入生态农业、文化创意等业态,建立一、二、三产深度融合发展的乡村多元经济,使四都乡民宿集聚区成为名副其实的"乡村振兴新高地"和"国际乡愁旅游目的地"。